労働市場のミスマッチ問題に対する経済政策の検討

小林 徹

三菱経済研究所

まえがき

　少子高齢化社会が進展する中，労働力の有効活用はマクロ経済政策上の大きな課題と考えられるが，その課題解消のためにも労働市場のマッチング機能を向上していくことが重要視されてきている．「日本再興戦略」にも取り上げられているように，成熟分野から成長分野への労働力の再マッチングは持続的なマクロ経済の発展のためにも必要であろう．加えて，ここではマッチング機能の向上が，長期失業者を減らす目的も指摘されている．失業が長期間にわたらずにスローガンとして掲げられている「失業なき労働移動」が実現されれば，労働働力の効率的な活用にも繋がる．加えて，労働市場のマッチング機能の強化は，各産業分野内における生産性向上にも資すると考えられる．同じ産業内であっても，労使の相性がより良好になることで，労働生産性の向上に繋がると考えられるからである．労使の相性が良好になり高い生産性が実現されれば，労働者個々にとっても収入の増加に繋がり，個々の企業にとっても経営効率が高まる．労働市場のマッチング機能の向上は，ミクロの視点においても有益な取組と考えられる．

　ではマッチング機能を高める目的で企画され，実行に移されつつあるいくつかの具体的政策は，本当にその目的を果たすと考えられるだろうか．これが本書を通じた問いである．たとえば，「社会人の学び直し支援」や「民間職業紹介業の活用推進」は成熟分野から成長分野への労働力の再マッチングに寄与するか，また労働生産性の向上に繋がるものであるのか．加えて成長産業自体の課題もある．代表的な成長産業と考えられている介護産業では，低い処遇から労働力が確保されないと指摘されて久しい．では過去の報酬引上げは代表的な成長産業として挙げられる介護労働力の確保に繋がるものであったかのか．これについても検討を加える．

　これらの検討課題を分析する事前に，本書ではまず第1章として，川田・佐々木 (2012) を参考に労働市場のミスマッチの概念を整理するとともに，マクロ統計より近年の労働市場の状況変化を抑えていく．これにより「社会人の学び直し支援」や「民間職業紹介業の活用推進」といった政策が，ミス

マッチ問題のどの部分にどのような理由で効くと考えられるのかを整理する．第2章では，「社会人の学び直し支援」が産業や職業分野を超えた労働力の移動に寄与するかどうかを計量分析し，本政策の意義を検討する．第3章では，2009年の介護報酬の3%の引上げによって，介護労働者の賃金が高まったかどうかを分析するとともに，これを境に介護分野で労働力確保が促進されたかどうかを検討する．第4章では，民営職業紹介が果たす労働市場への社会的機能を整理し，複数ある事業体の中でもそれぞれがどのような機能を有しているかを検討する．また，正規労働者の労働移動に寄与し市場規模も大きい登録型の人材紹介事業に着目し，本事業が転職者の生産性向上や，成熟分野から成長分野への労働力の再マッチングに寄与するかどうかを検討する．

　以上が本書の構成であるが，本書は多くの方の御指導やご支援に支えられたものである．大山道廣名誉教授（慶應義塾大学），樋口美雄教授（慶應義塾大学）からは本書を執筆する機会をご紹介頂き，多くの御指導を頂いた．また阿部正浩教授（中央大学）からは，本書を構成する政策の検討課題や分析について御助言を頂いた．佐藤一磨専任講師（明海大学）や慶應義塾大学産業研究所の皆様には本書の各分析について多くのコメントを頂戴した．本書の分析や分析結果の解釈においてなお残る誤りはもちろんすべて筆者に帰するものであるが，これら多くの御指導や御助言がなければ本書の完成はなく，以上の先生方には深く感謝を申し上げたい．

　また滝村竜介常務理事（公益財団法人三菱経済研究所），杉浦純一研究部長（公益財団法人三菱経済研究所）には，筆者の研究活動を支えて頂いたのみならず，本書を読みやすくする上で様々な改善点をご提案頂いた．青木透前常務理事（公益財団法人三菱経済研究所）には本書のテーマにおいて，介護労働市場の重要性を御教示頂いた．最後に本書の研究を後押し頂いた公益財団法人三菱経済研究所の皆様にはこの場を借りて深く御礼を申し上げたい．

　最後に本書の分析に際して貴重な業務統計データをご提供頂いた株式会社ビースタイル，株式会社東京企画CM総合研究所へ深く御礼を申し上げます．

2015年1月16日

小林　徹

目次

第1章　労働市場のミスマッチ問題とは … 1
　1.1　ミスマッチ問題の整理 … 1
　1.2　労働市場の状況とミスマッチ問題に対する現状の政策 … 3

第2章　社会人の学び直し支援は，成長分野への労働移動に繋がるか … 9
　2.1　社会人になった後も学習を続けることの重要性 … 9
　2.2　自己啓発の効果検証，産業・職業転換に関する先行研究 … 12
　2.3　分析に用いるデータと具体的な分析手続き … 15
　　2.3.1　分析に用いるデータ … 15
　　2.3.2　分析手続き … 18
　　2.3.3　データの概観 … 21
　2.4　分析結果 … 26
　　2.4.1　産業，職業移動確率の現状把握に関する分析 … 26
　　2.4.2　自己啓発の実施が産業，職業移動に与える影響に関する分析 … 28
　　2.4.3　分析の拡張 … 35
　2.5　本章のむすび … 37

第3章　介護報酬の引上げは介護労働者の確保に繋がっているのか？ … 41
　3.1　問題の所在 … 41
　3.2　介護報酬引上げの賃金への影響や提示賃金の応募への影響仮説 … 44
　　3.2.1　介護報酬の変更と賃金への影響 … 44
　　3.2.2　介護職への労働力流入と介護職賃金との関係 … 48
　3.3　本章の分析に用いるデータ … 49
　3.4　具体的な分析手続き … 50
　　3.4.1　介護報酬の引上げが介護職従事者の賃金に与えた影響 … 50
　　3.4.2　介護職求人の提示賃金が応募者獲得に与える影響 … 53
　　3.4.3　基本集計による概要把握とデータ特徴の把握 … 54

3.5	分析結果	58
	3.5.1 介護報酬の引上げが介護職従事者の賃金に与えた影響	58
	3.5.2 提示賃金が求人の応募者獲得に与える影響	62
3.6	これまでの分析結果の整理とさらなる拡張	62
3.7	本章のむすび	65

第4章　民間人材紹介活用の効果とは　　　　　　　　　　　　67

4.1	民営職業紹介と公共職業紹介の社会的役割分担	67
4.2	民営職業紹介と公共職業紹介のマッチング機能に関する理論検討	72
	4.2.1 仲介業者が存在しない場合のサーチ主体の行動	73
	4.2.2 仲介業者が存在する場合のサーチ主体の行動	75
	4.2.3 仲介業利用者の特徴と転職前後の収入変化	77
	4.2.4 求職者の転職後満足度への影響	81
4.3	実証分析による先行研究と本章の検証仮説	84
	4.3.1 日本の実証分析による先行研究例	84
	4.3.2 なぜ民営紹介と公共紹介で転職結果が異なりうるのか	86
4.4	分析に使用するデータと具体的分析の枠組み	90
	4.4.1 分析に用いるデータ	90
	4.4.2 具体的な分析の枠組み	92
4.5	分析結果	94
	4.5.1 民営，公共職業紹介の利用者の特徴	94
	4.5.2 民営，公共紹介が産業，職業，規模間移動に与える影響	97
	4.5.3 民営，公共紹介が転職後の年収変化や満足度に与える影響	101
4.6	本章のむすび	104

あとがき	107

参考文献	109

第1章
労働市場のミスマッチ問題とは

1.1 ミスマッチ問題の整理

2000年ごろから労働市場におけるマッチングやミスマッチの問題が目立って議論されるようになってきた．平成12年度，13年度版『労働経済白書』では，正社員の仕事がないと言った雇用形態間のミスマッチや，高齢者の再就職における年齢間ミスマッチ，また賃金や技能レベルが見合わないといった条件間でのミスマッチが多く存在していることが指摘されている．このうち年齢間のミスマッチは，2007年の改正雇用対策法で年齢制限求人の禁止が義務化されたことによって調整されつつある．佐々木・安井 (2014) では，この法改正以降に高齢者の雇用や入職が増加していることが明らかにされている．その一方で，雇用形態や産業・職業といった部門間のミスマッチ問題が盛んに議論されるようになってきた．特に，医療・介護など長期構造的に労働需要が高まってきた分野とそうでない分野が二極化し，労働需要が高まっている分野においても賃金がなかなか高まらず，労働力確保が進まないことが問題視されるようになった．2013年6月の『日本再興戦略』の中でも，ミスマッチの問題は政府の取り組むべき課題として大きく示されている．

労働経済政策の議論ではこのようなミスマッチの問題は，構造的ミスマッチもしくは摩擦的ミスマッチとしてしばしば整理される．労働力需給の量的な過不足がなくとも，求人内容や求職者の技能や希望といった質的な側面に調整が必要であり，調整に時間やコストがかかることで発生する摩擦的ミスマッチ，もしくはそもそも調整が不可能なために発生する構造的なミスマッチとされる．しかしこのような概念整理では，Kocherlakota (2010) と Krugman (2010) に見られるように，ミスマッチ問題の議論に混乱も生じや

すい．たとえば，構造的ミスマッチにより求人空席が発生していると指摘できたとしても，当該求人空席にマッチする労働供給が新たに発生すれば結局はマッチに至るため，構造的ミスマッチも需給の過不足の問題の一つとしてとらえることもできる．さらに需給の過不足が調整されるまでに時間がかかることによる摩擦的なミスマッチとも捉えられる．定義に曖昧さが残っているために，同じ現象でも観察者によって，需給過不足の問題なのか，構造的ミスマッチの問題なのか，摩擦的ミスマッチの問題なのか，見え方が異なり，議論が噛み合わなくなる．

そこで近年は，需給，構造的，摩擦的ミスマッチという三つの整理ではなく，「ミスマッチ」の中を市場間ミスマッチ，市場内ミスマッチと大きく二つに整理する議論も見られる（川田・佐々木，2012）．この整理によれば，『日本再興戦略』で指摘される「成熟産業から成長産業への失業なき労働移動」は産業間をまたぐという意味で，市場間ミスマッチの解消を目指したものといえる．産業や職業別に労働市場が形成されており，分野間の移動に伴う障壁によって適切な労働力の分配が果たされないミスマッチである．また市場内ミスマッチは，同産業や同職業であっても求職者と求人企業との相性が合わず，転職が進まないなど，単一労働市場内でも発生しうるミスマッチの問題であり，Jovanovic（1979）の文脈から説明される概念である．

市場間ミスマッチの問題はデータから明示されやすいために『日本再興戦略』のように大きく指摘されているが，市場内ミスマッチの問題はあまり指摘されていない．ヒアリングなどから定性的に確認できることではあっても，定量的に示すことが難しいからであろう．唯一定量的に市場内ミスマッチの問題の大きさが伺えるのは阿部（2001）や小林（2013）の研究である．それぞれの研究では民間職業紹介会社の求人・求職データが分析され，産業や職業経験や資格，年齢などといった求人・求職条件に関する情報項目が合致していたとしても，採用成立を予測するのは難しく，マッチ成立の大部分が明確にデータ化できない何らかの要因によって果たされていることが明らかにされている．また新規学卒者の早期離職率が高まってきている（厚生労働省　http://www.mhlw.go.jp/topics/2010/01/tp0127-2/dl/24-02.pdf）ことからも，市場内ミスマッチ問題の存在が伺える．新卒採用市場ではそもそも市場間の

障壁は低い．また労働市場間の属性・区分の問題がクリアされ採用に至ったとしても，働いてみた後に相性のミスマッチが判明し，離職が発生していると考えられるからである．

　成長産業へ労働者が就職していっても，定着せずに労働力の確保に至らない，介護労働市場のような問題も見受けられる．要するに近年のミスマッチ問題を解消するには，市場間，市場内それぞれのミスマッチの発生要因を分けて考え，それら要因別に対策をとることが必要であろう．『日本再興戦略』では具体的な対策として，「民間人材サービスの活用」や「社会人の学び直し支援」など多くの対応策が企画，実施されつつあるが，これら政策はそれぞれどのミスマッチの解消に向いており，効果が期待されると考えられるだろうか．以下では市場間，市場内それぞれのミスマッチ問題について，マクロ統計や先行研究のデータより現状の問題の程度を把握すると同時に，各ミスマッチ問題への対策として，過去に行われた，またこれから行われつつある政策について整理する．

1.2　労働市場の状況とミスマッチ問題に対する現状の政策

　図 1.1 では職業安定業務統計から職種別の求人倍率推移を示した．図 1.1 を見ると，職種ごとに継続して 1 を超える人手不足職種もあれば，0 に近い求人不足の職種も見られる．保安やサービス職，専門・技術職では相対的に求人が多く，リーマン・ショック前後の変動が大きくなっている．一方で事務職や管理職，生産工程・労務職などではおおむね 1 を下回る求人倍率となっており，仕事が少ない状況が継続している．

　次に，産業や企業規模別の求人倍率の推移を見たい．政府統計や一般職業紹介状況の統計から産業，企業規模別のデータが取られていないことから，大卒新卒市場における有効求人倍率データである図 1.2，図 1.3 を見ていく．まず企業規模別の求人倍率を示した図 1.2 を見ると，1,000 人以上と 1,000 人未満とで大きく異なり，規模が小さいほど人手不足である．また，その差は特に好況期ほど大きくなっている．次に産業別の状況を示した図 1.3 をみると，流通業ほど人手不足となっており，金融業とは対照的である．

　職業や企業規模，産業の間で人手不足，求人不足の状況は大きく異なり，

図1.1 職種別の有効求人倍率の推移

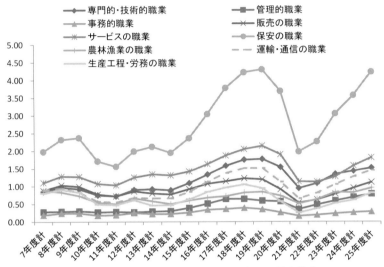

「職業安定業務統計」常用（パート含む）より筆者作成．

図1.2 企業規模別の大卒有効求人倍率の推移

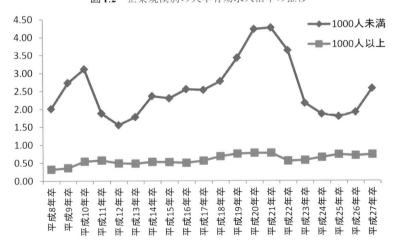

図1.3 産業別の大卒有効求人倍率の推移

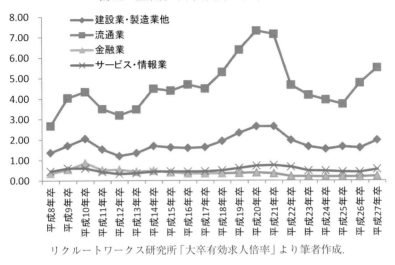

リクルートワークス研究所「大卒有効求人倍率」より筆者作成.

　これら市場間の壁を越えた労働力需給の調整は，スムーズに行われていないことが示唆される．その背景には，労働需要要因，労働供給要因のそれぞれが考えられる．

　需要側の要因については，それぞれの職業や規模，産業で必要とされる技能蓄積が異なり，採用側の理由で労働参加が抑制されていることが考えられる．特に中途採用では，それぞれの市場で採用されるためには，当該市場で求められる技能を備えていなければならず，労働者がその技能を身につけるまでは参入ができないことが多い．このような理由による市場間のミスマッチを解消させるためには，人手不足の分野で求められる技能訓練を人余りの分野の労働者に付与するといった政策が効果を発揮すると考えられる．すでにそのような政策は考えられており，2013年の第7回産業競争力会議の資料では，円滑な労働移動を目的とした「社会人の学び直し支援」が提案されている．

　供給側の要因については，介護分野などのように，人手不足産業であっても低賃金のために労働者がそのような分野に就いてゆかないことが考えられる．このような理由によるミスマッチに対してもすでに政策対応がとられ，

図 1.4 求人・求職間での経験や資格の一致度と採用結果

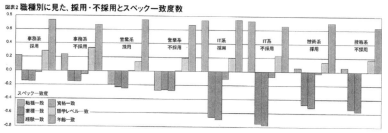

阿部・神林・李 (1999)「スキル・ミスマッチとスペック・ミスマッチ」より.

介護産業分野では介護労働力の確保を目的とし，2009年以降の介護報酬引上げや介護職員処遇改善交付金が実施されている．

本書の第2章，第3章ではこのような政策によって市場間のミスマッチを改善する効果がもたらされているかどうか，実証分析によって検討していく．

しかしながら，賃金調整や分野間で求められる技能の問題が解消されたとしても，マッチングの成立において相性の問題が大きいならば労働移動はスムーズにいかない恐れがある．

阿部・神林・李 (1999) より抜粋した図1.4は，中途採用において，求人が要求する経験や資格などの条件と求職者が有する経験や資格との一致度を採用結果別に集計したものである．図1.4を見ると，各職種とも結果が採用であった場合も不採用であった場合も一致度に大きな違いは見られない．経験職種や資格などの技能条件はクリアしていても，相性などのミスマッチによって採用結果が左右されていることが示唆される．

また図1.5では離職者の離職理由に関する調査結果を示した．これを見ると，最も多く挙げられる理由は「給与に不満」であるものの，「会社の将来性・安定性に期待が持てない」が第3位，「職場の人間関係がつらい」が第4位，「仕事が面白くない」が4.3％，「会社の経営者や経営理念・社風に合わない」が3.4％であるなど，就職先との相性が合わないことを示唆する項目も高くなっている．せっかく採用に至ったとしても相性といったミスマッチにより，マッチングが解消されてしまう問題が小さくないと考えられる．

図1.5 離職理由（1位）項目の選択率

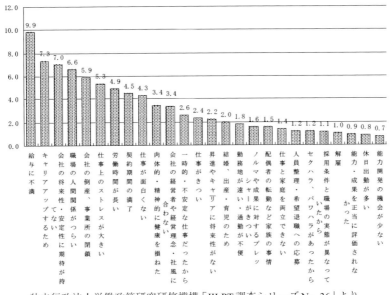

独立行政法人労働政策研究研修機構「JILPT調査シリーズNo. 36」より.

　このような市場内ミスマッチ問題が存在する理由については，就職時において相性に関する情報流通が不完全であるということが考えられる．このような問題の解決に向けては，相性の良し悪しを判断できる専門家の仲介を活用することが一つの策であろう．たとえば，2013年の第4回産業競争力会議の資料に見られるような「民間人材ビジネスを最大限活用したマッチング機能の強化」である．ここでは公共職業紹介に集まる求人情報を抱え込むのではなく民間職業紹介業にも開放し，民間のマッチングが強みを発揮する求人については民間の力をより活用しようという事が考えられている．ただし，民営職業紹介がどのような部分において強みを有しているかはよく分かっていない．そこで本書の第4章では，民営・公共職業紹介のそれぞれの強みについて，実証分析の結果から検討していく．

第 2 章

社会人の学び直し支援は，成長分野への労働移動に繋がるか

2.1 社会人になった後も学習を続けることの重要性

　本章では日本における産業や職業移動の状況についてパネルデータを用いた確認を行うとともに，職業訓練校や社会人大学院，専門学校への通学など自己啓発の実施によって，今後の成長が見込まれる産業や職業への労働移動が促進されうるかについてもパネルデータを用いた分析を行う.

　近年，濱秋ほか (2011) や Kawaguchi and Ueno (2013) で指摘されるように，日本型の長期雇用慣行は維持が難しくなってきていることが明らかになってきた．このようななか，雇用調整助成金のような雇用保障を維持させる政策に予算を多くかけるよりも，労働移動を促進させる政策への予算（労働移動支援助成金）を厚くした方が，経済全体の成長力を高めるのではないかという議論がなされてきている．いわゆる「行き過ぎた雇用維持型から労働移動支援型への政策転換」（平成 25 年 6 月日本再興戦略）であるが，そのなかでも方向性を持たせ，成長が停滞している産業分野からより成長が見込まれる分野へ労働力を再配置することが重要と考えられている．これは平成 25 年の産業競争力会議において「成熟産業から成長産業への失業なき労働移動」と表現されている考えであるが，転職市場においてこのような産業転換を進めるためにはいくつかの障壁が予想される.

　労働者側の視点に立てば，阿部 (2005) や児玉ほか (2004) で指摘されるように産業転換は産業に特殊的な技能[1]の喪失をもたらし，賃金に負の影響を

---

[1] 人的資本理論では勤務や企業からの教育訓練によって労働者が蓄積する技能には，勤務先企業でのみ活用可能な企業特殊的なものと，企業の枠を超えて活用可能な一般的なものがあると議論される．また近年では戸田 (2010, pp. 5-6) で整理されてい

与えることが考えられるため，労働者側が産業移動を望まないことが考えられる．一方で企業側の視点に立てば，中途採用で未経験者を採用し，一から当該産業経験を積ませるよりも，投資回収期間の長い新卒で賄うほうが合理的であり，中途採用では同産業の経験者にターゲットを限定している場合も多い．

同様の議論は職業についてもあてはまる．池永（2009）や池永（2011）などSBTC（Skill Biased Technological Change）研究で指摘されるように，定型的な業務から非定型的な業務への労働需要のシフトが起きているのであれば，そのような職業分野への労働移動の促進も重要な課題となる．しかし，職業についても転職による職種移動はなかなか進んでいないことが戸田（2010）で指摘されており，むしろ非定型的な業務の典型と思われる専門・技術職では同職種内転職が増えつつあるという．

このような中で，成長産業や職業への転換をどのように促進させてゆけばよいか，その具体策に関する議論も進みつつある．その一つが日本再興戦略で述べられている外部労働市場におけるマッチング機能の強化（民間職業紹介の活用や産業雇用安定センターの強化）であるが，この策とともに「第7回産業競争力会議　資料8」[2]に見られるような，人的資本投資費用の支援（職業訓練の拡充，社会人の学び直し支援）も検討されている．当該産業・職業の未経験者であっても職業訓練や学びによって特殊的な技能が形成できるならば，企業側の障壁も除かれうると考えられる．また，安い投資費用で職業訓練や学びを行うことができ，それによって賃金プレミアムの高い産業や高賃金の非定型業務へ転換できるならば労働者側の障壁も除かれる．上述の池永（2009）などのSBTCに関連する研究群では，IT化など技術の進歩に伴い，高いスキルを要する非定型業務の需要や賃金が増え，低スキル層の定型業務の需要や賃金が減少していくという二極化現象が指摘されている．もし職業訓練や学びによってスキルを高めることで，低スキル業務に従事していた者が，高スキル業務に移行できるようになるならば，これらへの支援策は

るように，人的資本理論が拡張され，企業ごとだけでなく産業や職業ごとにも異なる特殊的な技能を考慮すべきと指摘されるようになってきている．

[2] http://www.kantei.go.jp/jp/singi/keizaisaisei/skkkaigi/dai7/siryou08.pdf を参照されたい．

SBTC研究で指摘される賃金格差の問題解消にも繋がるかもしれない．

　しかし，実際に職業訓練や学びを行うことによって，産業や職業移動が容易になるかどうかについてはいまだ明らかにされていない．もし産業や職業特殊的な技能が，職業訓練や学びでは十分に蓄積されず（または十分なシグナルとして機能せず），やはり実務経験が重視されるのであれば，労働者に対する人的資本投資費用の支援によっても成長分野への産業・職業転換は進んでゆかないかもしれない．そこで本章では，実際に職業訓練校に通ったり，社会人大学院や専門学校に通うなどの自己啓発が産業や職種転換にどのような影響を与えているかについてパネルデータを用いた分析を行う．

　またもう一方で，現在どれだけの産業転換や職業転換が起きているのか，言い換えれば現状において産業や職業転換がどれだけ難しいかを個票データから確認する試みもいまだそれほど多くはない．職業転換に関しては戸田（2010）による分析例があるものの，産業転換についてはあまり詳細な分析が見られない．また職業転換についても戸田（2010）でみられているのは転職市場における職業転換のみであり，内部労働市場を通じた職業転換も含めて考えるならば，もともと企業内部のジョブローテーションが特徴的である日本の職業転換の状況は決して低くはないかもしれない[3]．また池永（2009），池永（2011），Autor and Dorn（2013）などのSBTC研究では，分析や管理，営業職やサービス職といったルーチン作業の少ない非定形業務に携わる就業者が増え，事務や検査・監視業務のような定型業務に携わる就業者が減っているという推移確認がなされているが，これら研究はマクロデータを用いた分析となっており，個票データや個票パネルデータによって，個人個人の職業の移り変わり状況が確認された研究は少ない．そこで本章の第二の分析課題として産業転換や職業転換の状況確認や職業転換が異動や出向・転籍など企業内人事を通じた内部労働市場によるもの，または転職といった企業内人事

---

[3] 近年は業務限定的な非正規社員も増えており，ジョブローテーションの適用がされない労働者も多くなってきているだろう．一方，櫻井（2011）で指摘されるように，同産業・同企業内において業務の構造変化が生じているならば，人事異動で新たな業務への対応を図ることによって企業内部における職種転換は増えるかもしれない．

を介さない外部労働市場のどちらで発生しており，その状況に近年どのような変化が見られるどうかについてパネルデータによる分析を加えていく．

本章の構成は以下のとおりである．2.2節では産業・職業転換の状況確認に関する先行研究や職業訓練や学びなど自己啓発行動の効果に関する先行研究を整理する．2.3節では本章の分析に用いるデータを外観し，具体的な分析手続きについて述べる．2.4節では複数の分析についての結果を確認してゆき，2.5節でそれぞれの結果を整理し，本章のまとめを検討する．

2.2 自己啓発の効果検証，産業・職業転換に関する先行研究

自己啓発に関する過去の研究例をみると，自己啓発は①賃金増加②解雇回避③再就職に関して効果を持つという（吉田，2004）[4]．本章では③の再就職または転職に焦点を当て，再就職または転職時の産業・職業転換と自己啓発との関係について検討する．

これまでの自己啓発に関する研究では①賃金増加への効果を分析した研究は多く蓄積されているものの再就職や転職，またその際の仕事の変化に関する研究はまだあまり多くない．平野（2007）や小林・佐藤（2013）では，自己啓発を行った場合の将来的な再就職への影響が分析され，自己啓発を行った者ほどその後の再就職確率は高まるという．特に小林・佐藤（2013）では正規職に限定した再就職に関する分析も行われており，自己啓発を行った者ほど正社員としての再就職確率が高くなっていることが報告されている．一方で，原（2011）は自己啓発の実施と賃金向上への効果に加え，非正規就業者に関する転職時の正社員転換への影響が分析されたが，自己啓発の実施は賃金向上にも正社員転換にも影響が見られないという．小林・佐藤（2013）は無業者について，原（2011）は非正規就業者について分析している点などに違いが見られるからか，自己啓発が正社員化を促進させる影響に関しては研究によって異なりが見られる．またこれら研究は雇用形態の転換に関する研究であり，「第7回産業競争力会議　資料8」に見られるような政策に関連す

---

[4] 賃金への影響については，先行研究で一律に効果が確認されているわけではなく，表2.1に示されるように分析手法により主張の異なりはある．

る，自己啓発の産業・職業転換への影響を検証した分析例はいまだ見られない．ただ先行研究で指摘されたように，自己啓発が無業者の再就職確率を高めているならば，労働需要の落ち込みにより失業者を生んでいる産業・職業から労働需要が高まっている他産業・職業への流入を自己啓発が可能にしている背景が考えられる．また失業を伴わない転職の際においても，自己啓発をしている者ほど生産性の高まりやシグナルによって転職がしやすくなるのであれば，失職の可能性が高い労働需要が落ち込んでいる産業・職業からの離脱や，賃金プレミアムが低い産業・職業からより高い賃金プレミアムを持つ産業・職業への転換が行われている可能性もある．

このような産業・職業転換への自己啓発の効果をデータから検証する際には，多くの先行研究で取られているように，自己啓発実施者と非実施者の特性のコントロールを詳細に行う必要がある[5]．これまでにわが国において自己啓発の影響が分析された研究例をまとめた表2.1を見ると，差分推計や階差データに基づくPropensity Score Matching法（以下PSM法）によってデータに表れない特性のコントロールを試みた分析が実施されている．またコントロール手法の違いによらず分析結果には共通点が多い．就業確率や再就職に関する分析では，おおむね自己啓発が影響を持つことが示され，賃金や収入に関する分析では，すぐには効果が見られないものの，自己啓発を継続して行った場合や，自己啓発の数年後など一定の期間をおくことで効果が確認されている．自己啓発実施者の特性のコントロールを行えば，細かな分析手法の違いによって大きな結果の異なりは見られないと考えられる．本章ではPSM法を用いることで自己啓発実施者の産業・職種転換への影響について分析していく．

次に，産業・職業転換の動向に関する先行研究について確認していく．米国に関する研究例としてはParrado and Wolff（1999）やMarkey and Parks（1989），Kambourov and Iourii（2008）など複数の研究が行われている．特にKambourov and Iourii（2008）では，データの観測誤差にも注意を払い，"The

---

[5] 多くの先行研究で想定されている通り，本章の分析においても産業・職業転換の可能性が元々高い労働者ほど自己啓発を実施している可能性が考えられる．

表 2.1 自己啓発の効果に関する主な先行研究

先行研究	分析対象	分析モデル	分析結果
吉田(2004)	自己啓発と賃金	差分変数を利用したPSM法	通学講座や通信講座を受講すると4年後に年収が上昇する
奥井(2002)	自己啓発と賃金	差分推計	仕事に役立てる目的で過去2年間に通信教育を受けた場合に時給が上昇
Kawaguchi(2006)	自己啓発と賃金	差分推計	自己啓発は時給に影響を及ぼしていない
原(2011)	自己啓発と賃金・正規化	差分推計	自己啓発は賃金・正社員化ともに影響を与えていない
小林・佐藤(2013)	自己啓発と賃金・就業継続・再就職	差分変数を利用したPSM法, 固定効果推計	自己啓発は就業確率を高める。賃金はすぐには高まらないが、3年後以降に高まる
平野(2007)	自己啓発と就業継続・再就職	固定効果推計	自己啓発は女性の就業確率を高める

※PSM法はPropensity Score Matching法を略した表記である

Panel Study of Income Dynamics"（以下 PSID と表記）を用いた1960年代後半から1990年代後半に関する職業と産業移動についての分析が行われた．彼等は観測誤差を考慮した分析結果を Parrado and Wolff（1999）の研究結果と比較することで，産業・職業分類の方法によって発生する観測誤差の影響が大きいことを指摘している．また，米国においては産業も職業も大分類間における移動が大きく，大，小分類とも近年ほど移動確率が高まってきていることが確認されている．しかしここではどの産業（職業）からどの産業（職業）への移動が大きいのかなど移動の具体的な方向性については分析の対象から省かれている．

　一方で日本に関する研究である戸田（2010）では，産業移動については扱っていないものの，どのような職業で特に移動が発生しているかについて分析がされている．ここではマクロの公的統計データを用いた分析が行われ，女性の販売・サービス職ほど職業移動が発生しており，男性の生産工程・労務職や運輸・通信職では移動が発生しにくいことが確認されている．また池永（2009）や池永（2011）では転職者に限らず日本労働市場全体の職業構造の変化に関する状況確認がなされている．ここでは国勢調査をはじめとするマクロの大規模統計から，近年ほど研究開発，分析業務などの専門スキルを要する職業や，サービス関連職といった高度なスキルは要さないが非定形的な仕事を多く含む職業に従事する労働者が増えていることを確認している．反面で，事務職のような定型的な仕事が多く，一定期間の訓練は要するが長期専

門的な人的資本の蓄積が必要とはならない職業は減少してきているという．池永（2011）は，このような状況変化の理由として，スキル偏向型技術進歩や，高齢化や世帯規模の縮小，高スキル労働者の増加によって彼等が利用するサービス需要の高まりがあると指摘している．

ただし，パネルデータを用いた分析によって個々人の産業・職業移動が確認された分析例はなく，特に産業に関しては戸田（2010）のような移動状況を直接確認する試みもなされていない．ただし，産業移動については以下複数の研究を参照することで，移動促進の難しさが予想できる．阿部（2005）は直接移動の状況を確認した研究ではないものの，産業移動と賃金との関係を分析している．転職者の転職前後の賃金変化を分析した結果，産業転換を伴う転職者ほど，転職後の賃金が低くなりやすいことを指摘している．同様の分析は職業移動についても確認でき，岸（1998）では職業転換を伴う転職ほど賃金低下が大きいという．また，樋口（2001）では同一職業内転職ほど賃金低下が抑えられ，特に専門・技術職の同一職種内転職は賃金低下が小さいことが指摘されている．これらの研究結果からは間接的に産業・職業転換の発生に関する情報を得ることができる．産業や職業転換を伴う転職ほど賃金の低下が大きいならば，また特にその傾向が大きい産業・職業では，労働者によって産業・職業転換が避けられ，転換確率は低くなっている可能性が予想される．本章では，このような予想が現実に沿うものであるかどうか，Kambourov and Iourii（2008）や戸田（2010）のように個票データから直接的に各産業，職業ごとの移動確率を見ていくことによって確認していきたい．また本章で用いるパネルデータは，同企業内部の異動や昇進による職業移動も確認が可能である．先行研究では確認されなかった，内部労働市場による職業転換の状況についても見ていきたい．

2.3 分析に用いるデータと具体的な分析手続き

2.3.1 分析に用いるデータ

本章の分析に用いるデータは，慶應義塾家計パネル調査の2004年から

図 2.1　KHPS の自己啓発の内容に関する選択肢

どのような方法で学びましたか．あてはまるものをすべて選んでください．（○はいくつでも）

1　専門学校・専修学校に通った
2　各種学校に通った
3　公共の職業訓練学校に通った
4　大学に通った（卒業を目的とする）
5　大学院（社会人含む）に通った
6　通信教育を受講した（通信制の大学も含む）
7　大学等の公開講座に通った
8　テレビ、ラジオの講座や書籍で学んだ
9　各種講演会やセミナーに参加した
10　社内の自主的な勉強会に参加した
11　その他（具体的に　　　　　　　　　）

2012 年調査の 9 年分[6]のデータである（以下 KHPS[7]と呼ぶこととする）．ただし，社会人の学びに関する「あなたは昨年 2 月から現在までの 1 年間の間に，自分の意志で仕事にかかわる技術や技能の向上のための取り組み（たとえば，学校に通う，講座を受講する，自分で勉強する，など）をしましたか．」という質問が行われているのは 2005 年調査からとなっている．分析上重要な変数である自己啓発に関する情報が 2005 年調査からしか得られないことから，分析で用いるデータセットは 2005 年調査から 2012 年調査までの「学びに関する情報」が年一回ごとに得られるパネルデータとなっている．またこの質問への回答としては，「1. 現在行っている．2. 行ったことがある．3. 行わなかった．」の三つの選択肢が用意されているが，本章ではこのうち 1. と 2. に回答された者について自己啓発実施者と定義をする．さらに次の質問では，実施した自己啓発の内容について聞かれており，11 の選択肢が用意されている（図 2.1 に掲載）．その中で本章では「通学に関するもの（選択肢 1～

---

[6]　パネルデータの期間は 2007 年からの最低賃金引上げ額が大きく変わった期間を跨いでいる．Higuchi（2013）では，2007 年以降に最低賃金の引き上げによって低所得層との賃金格差が縮小したことが明らかにされているが，このような政策がそもそも自己啓発を行いにくい低スキル層の賃金を高め，本稿の分析結果に何らかのバイアスを及ぼす可能性には留意が必要である．

[7]　この調査は，第一回目の 2004 年 1 月 31 日時点における満 20 歳～69 歳の男女 4,005 名を調査対象としており，毎年調査を実施している．KHPS2007 年調査では新たに 1,419 名，KHPS2012 年調査では 1,012 名が追加サンプルとして調査に加えられたが，本稿では KHPS2012 年調査の追加サンプルは用いていない．

表 2.2 分析に用いる産業,職業分類

	加工分類	KHPS産業、職業分類
産業	ターゲット産業	農林漁業、鉱業、建設業、電気ガス、熱供給業、医療・福祉
	製造業	製造業
	サービス業	飲食宿泊、その他サービス業
	流通業	卸・小売業、運輸業
	その他産業	金融保険不動産、教育・学習支援、情報通信・調査、その他
職業	非定型分析	専門・技術(IT技術含む)
	非定型相互	管理職、販売職
	定型認識	事務職
	定型手仕事	生産工手労務、農林漁業者
	非定型手仕事	サービス職、保安職、運輸職

5)」と「通学以外(選択肢6〜11)[8]」とに自己啓発の内容を二つに分け,それぞれの実施によって効果が異なるかどうかについても検討する.さらにKHPSでは,通学に関する自己啓発が選択された場合には,その後の質問で同時期に卒業したかどうかが聞かれている.本章ではサンプル数は少ないものの,この「卒業」の効果についても分析を加えたい.

調査対象者の職業や産業については就業している場合には,その産業と職業が質問され,18の産業12の職業から選ぶようになっている.これら産業,職業分類を本章では以下の表2.2の通りに再分類した.産業分類では,産業競争力会議の議事録においてターゲティング産業(成長産業と考えられる)と言及される,「医療・介護,エネルギー・鉱物資源,農林漁業,社会インフラ」に関する産業と製造業,サービス業,流通業,その他産業に分類する.また職業分類では池永 (2009) pp. 79 を参考に非定型分析業務,非定型相互業務,非定型手仕事業務,定型手仕事業務,定型認識業務の5業務[9]にKHPSの12の職業を振り分けた[10].

また本章では,いまだ社会に出ていない学生や労働市場から引退していく

---

[8] 通学以外については選択肢1〜5にひとつも○がつかず,6〜11のどれかに○がついた場合に1をとるダミー変数としている.

[9] これら5業務の分類を元にした研究は,Autor, Levy and Murnane (2003) を嚆矢として欧米,国内において多くの研究がなされている.

[10] KHPSの職業分類では「その他」の選択肢が確認できるが,5業務に分類ができないため職業の「その他」回答者は分析から除外した.

表2.3 分析に用いるサンプルの基本統計量

分析事項		産業移動確率の現状確認分析				職業移動確率の現状確認分析				自己啓発と産業移動に関する分析		自己啓発と職業移動に関する分析	
	サンプル	外部市場(転職、新規就業者)		内部市場(同企業継続、出向者)		外部市場(転職、新規就業者)		内部市場(同企業継続、出向者)		t期 外部労働市場に参入(転職、新規就業者)		自己啓発と職業移動に関する分析	
		平均	標準偏差	平均	標準偏差	平均	標準偏差	平均	標準偏差	平均	標準偏差	平均	標準偏差
	産業移動有ダミー	0.53	0.50	0.08	0.27	-	-	-	-	-	-	-	-
	職業移動有ダミー	-	-	-	-	0.48	0.50	0.16	0.36	-	-	-	-
	自己啓発実施ダミー	-	-	-	-	-	-	-	-	0.25	0.43	0.24	0.43
	通学実施ダミー	-	-	-	-	-	-	-	-	0.07	0.25	0.07	0.25
	通学以外の自己啓発ダミー	-	-	-	-	-	-	-	-	0.18	0.38	0.18	0.38
	通学して卒業したダミー	-	-	-	-	-	-	-	-	0.06	0.23	0.06	0.23
	t-1期都道府県別求人倍率	0.87	0.33	0.86	0.34	0.86	0.34	0.86	0.35	0.87	0.34	0.87	0.34
t-1期 個人属性	男性ダミー	0.37	0.48	0.56	0.50	0.37	0.48	0.56	0.50	0.36	0.48	0.36	0.48
	20代ダミー(ベース50代)	0.20	0.40	0.11	0.32	0.21	0.41	0.11	0.32	0.19	0.38	0.18	0.38
	30代ダミー(ベース50代)	0.32	0.47	0.26	0.44	0.32	0.47	0.26	0.44	0.32	0.47	0.33	0.47
	40代ダミー(ベース50代)	0.29	0.46	0.33	0.47	0.28	0.45	0.33	0.47	0.31	0.46	0.30	0.46
	正規就業(ベース非正規就業)	0.30	0.46	0.66	0.48	0.30	0.46	0.66	0.47	0.31	0.46	0.31	0.46
	無業(ベース非正規就業)	0.19	0.39	-	-	0.19	0.39	-	-	0.20	0.40	0.20	0.40
	大学、大学院卒ダミー	0.23	0.42	0.28	0.45	0.23	0.42	0.29	0.45	0.22	0.42	0.22	0.41
	配偶者有ダミー	0.62	0.49	0.75	0.43	0.61	0.49	0.75	0.43	0.66	0.47	0.65	0.48
	子供ありダミー	0.54	0.50	0.67	0.47	0.54	0.50	0.67	0.47	0.58	0.49	0.57	0.50
	世帯所得	-	-	-	-	-	-	-	-	533.55	337.03	535.67	337.14
前期産業ダミー(ベース・その他)	ターゲット産業(医療、資源、インフラ、食糧など)	0.19	0.40	0.21	0.40	-	-	-	-	0.20	0.40	-	-
	製造業	0.14	0.34	0.23	0.42	-	-	-	-	0.14	0.35	-	-
	サービス業(飲食宿泊、その他サービス)	0.26	0.44	0.16	0.37	-	-	-	-	0.25	0.44	-	-
	流通業(卸・小売、運輸)	0.23	0.42	0.21	0.41	-	-	-	-	0.23	0.42	-	-
今期産業ダミー(ベース・その他)	ターゲット産業(医療、資源、インフラ、食糧など)	-	-	-	-	-	-	-	-	0.23	0.42	-	-
	製造業	-	-	-	-	-	-	-	-	0.12	0.32	-	-
	サービス業(飲食宿泊、その他サービス)	-	-	-	-	-	-	-	-	0.22	0.41	-	-
	流通業(卸・小売、運輸)	-	-	-	-	-	-	-	-	0.24	0.42	-	-
t-1期 調査年ダミー(2004年ベース)	2005年ダミー	0.13	0.33	0.11	0.32	0.11	0.32	0.11	0.31	0.11	0.32	0.11	0.32
	2006年ダミー	0.13	0.33	0.11	0.31	0.13	0.34	0.11	0.31	0.13	0.34	0.13	0.34
	2007年ダミー	0.15	0.36	0.15	0.36	0.16	0.36	0.15	0.36	0.17	0.37	0.17	0.37
	2008年ダミー	0.15	0.36	0.14	0.34	0.16	0.37	0.14	0.35	0.17	0.37	0.17	0.38
	2009年ダミー	0.12	0.32	0.13	0.34	0.13	0.33	0.13	0.34	0.13	0.34	0.13	0.34
	2010年ダミー	0.10	0.31	0.12	0.33	0.11	0.31	0.12	0.33	0.11	0.32	0.12	0.32
	2011年ダミー	0.11	0.31	0.11	0.31	0.12	0.32	0.11	0.32	0.12	0.33	0.12	0.33
前期職種(ベース・非定型相互)	非定形分析	-	-	-	-	0.15	0.35	0.20	0.40	-	-	0.15	0.36
	定型認識	-	-	-	-	0.19	0.39	0.20	0.40	-	-	0.19	0.39
	定型仕事	-	-	-	-	0.18	0.38	0.21	0.41	-	-	0.17	0.38
	非定形手仕事	-	-	-	-	0.28	0.45	0.18	0.38	-	-	0.28	0.45
今期職種(ベース・非定型相互)	非定形分析	-	-	-	-	-	-	-	-	-	-	0.16	0.37
	定型認識	-	-	-	-	-	-	-	-	-	-	0.22	0.42
	定型仕事	-	-	-	-	-	-	-	-	-	-	0.17	0.38
	非定形手仕事	-	-	-	-	-	-	-	-	-	-	0.27	0.44
	サンプルサイズ	1,030		9,686		951		9,360		848		826	
	Group	713		2402		667		2,363		617		597	

と思われる層については研究目的上サンプルから省くこととする．具体的には全調査年を通じて無業である者と23歳未満のサンプル，60歳以上のサンプルを分析から除外した．また先行研究に倣い，産業，職業移動行動が雇用者とは大きく異なると思われる自営，家族従業者サンプルも分析から除外している．分析に用いたデータの基本統計量は表2.3の通りである．

2.3.2 分析手続き

本章では①「産業，職業移動確率の現状把握に関する分析」と②「自己啓発が産業，職業移動に及ぼす影響に関する分析」の二つを行うが，以降ではそれぞれの分析手続きについて述べる．

まず①「産業，職業移動確率の現状把握に関する分析」では，Kambourov

and Iourii（2008）の分析に倣い産業，職業移動の確率に関する以下（2.1）式のプロビットモデルを推計する．

$$P_{it} = \Pr(y_{it}=1|X_{it-1}) = E(y_{it}|X_{it-1}) = \Phi(\beta X_{it-1}) \tag{2.1}$$

上記（2.1）式は t 期における就業者 i の産業，職業移動確率を示し，y_{it} は t 期の産業，職業が $t-1$ 期と異なっている場合に1をとるダミー変数である．これを $t-1$ 期時点の個人属性，調査時点ダミーなどのコントロール変数で説明する．個人属性については Kambourov and Iourii（2008）でも用いられている年齢，学歴，就業状態，景気環境[11]に関する情報に加え，$t-1$ 期時点の産業や職業ダミーを用い，どの産業，職業で移動確率が起こりやすい（にくい）かについて分析する．なお，$t-1$ 期が無業者の産業，職業ダミーについては Kambourov and Iourii（2008）と同様に，過去の調査において確認できる直近の産業，職業からダミー変数を作成している．また，転職や新規就業によって t 期に就業している者だけでなく，$t-1$ 期から同企業の継続就業者を対象とした分析も行い，内部・外部労働市場双方の移動状況を見ていきたい．

次に，どのような産業，職業からどのような産業，職業へ流入，流出しているのかを確認するため，t 期の多項選択変数である産業，職業ダミー S_{it} を被説明変数に用いた以下（2.2）式の多項選択関数を多項プロビットモデルで推計する．

$$\begin{aligned}P(S_{it}=j) = P(\beta_j x_{it-1,j} + e_{it-1,j} > 0, \beta_j x_{it-1,j} + e_{it-1,j} > \beta_1 x_{it-1,1} + e_{it-1,1}, \ldots\ldots \\ \beta_j x_{it-1,j} + e_{it-1,j} > \beta_1 x_{it-1,j-1} + e_{it-1,j-1})\end{aligned} \tag{2.2}$$

次に，自己啓発が産業，職業移動に及ぼす影響について吉田（2004）や小林・佐藤（2013）でも用いられている以下のPSM法による分析を行う．ここではまず t 期就業者の自己啓発の実施確率に関する推計を以下（2.3）式のプロビットモデルに基づき行う．

---

[11] 景気変数に関しては，「一般職業紹介状況」から各年の都道府県別求人倍率を抽出し，分析サンプルの各調査年の居住都道府県とマッチさせることで作成した．

$$\Pr(D_t=1|X_{t-1})=\Phi(\beta X_{t-1}) \tag{2.3}$$

説明変数には $t-1$ 期の性別，年齢，最終学歴，就業状態などの個人属性や世帯所得，求人倍率などの経済変数 X_{t-1} を用い，D_t は t に自己啓発を実施している場合に1をとるダミー変数である．ここで得られた自己啓発実施確率の理論値を用いて，自己啓発実施確率の理論値が同様の者の中で実際に自己啓発を実施した者と実際には実施しなかった者とでその後の産業・職業移動の状況に関して比較を行う．具体的には以下（2.4）式の階差に関する ATT（Average Treatment effect on the Treated）を求める[12]ことで，データに表れない個人特性がもたらすセルフセレクションバイアスを考慮した分析を行う．

$$ATT_{DID}=\frac{1}{n_{1t}}\sum_{i=1\{D_i=1\}}^{n_{1t}}\left[Y_{1ti}-\sum_{j=1\{D_i=0\}}^{n_{0t}}W(i,j)Y_{otj}\right] \\ -\frac{1}{n_{1s}}\sum_{i=1\{D_i=1\}}^{n_{1s}}\left[Y_{1si}-\sum_{j=1\{D_i=0\}}^{n_{0s}}W(i,j)Y_{0sj}\right] \tag{2.4}$$

t は自己啓発実施後の時点を表し，s は実施前の時点を示す．Y は各産業，職業のダミー変数を示す．要するに，自己啓発実施者と同様の傾向値を持つ非実施者との産業・職業の比較を自己啓発の実施前後において行い，実施前の部分を差し引くことで，データからは観察されない自己啓発実施者と非実施者との特性の違いによる影響を除去する．たとえばターゲット産業ダミーに関する ATT_{DID} がプラスであれば，自己啓発を実施した場合の方が，ターゲット産業ダミーの階差値を大きい値にさせているということであり，当該産業への流入に寄与しやすいことを示すだろう．なお，$W(i,j)$ は（2.3）式の推計で得られた傾向値に基づく自己啓発非実施サンプルへのウェイト[13]で

---

[12] 本稿の分析では，Heckman, Ichimura and Todd（1997）で指摘されるコモン・サポートの問題に対し，傾向値について似通ったコントロール・グループのサンプルが存在しないトリートメント・グループのサンプルを分析から除外している．また，本稿における傾向値を推計する際の説明変数は Dehejia and Wahba（1999, 2002）における Balancing Property に基づく検定で棄却されなかった．

[13] 本稿ではウェイト付けに際して，マッチング法を用いた先行研究で一般的に用いられている，Nearest Neighbor Matching と Kernel Matching の二種類の方法を用いている．

あり，$\Sigma_j W(i,j) = 1$ となる．

2.3.3 データの概観

分析を行う事前に，基本集計の結果から分析課題に関する大まかな傾向を確認していきたい．まずは「産業，職業移動確率の現状把握」の目的から，$t-1$期の各産業，職業ごとに，t期における産業，職業移動確率の推移を示した図2.2を見ていく．図2.2のうち，まずは雇用者全体の産業計を見ると，2005年には15％を超えていた産業移動率が，2012年には10％を割るまでに下がってきている．しかしt期に転職，新規再就業した者についてみると，産業計の移動率は減少傾向を示しておらず，むしろリーマン・ショック時に

図2.2　$t-1$期の各産業，職業のt期における別産業，職業への移動確率（横軸はt期）

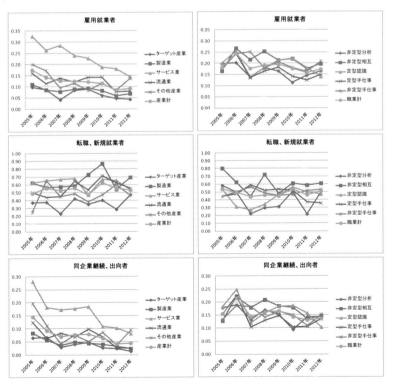

は移動率は高まっている．一方で同企業継続者（出向，転籍を含む）についてみると，産業移動は全体的に，また各産業でも減少傾向であり，同企業グループ内における産業移動の機会がなくなってきている様子が伺える．

次に職種移動について，雇用者全体の全職業計に関する移動率をみると，ほぼ横ばいか若干の減少傾向が確認できる．これは各職業ごとについても同様であり，上昇傾向というよりもむしろ減少傾向といえる．同様の傾向は同企業継続者でも確認できる．しかし転職，新規就業者についてみると，職業計の移動率はリーマン・ショック時に若干増加している以外は横ばいであり，減少傾向も見られない．1年超の離職期間がある再就職者も含んでいるためか，若干移動率の絶対値が高いものの，全体的な傾向は雇用動向調査を用いて確認された戸田（2010）とおおむね整合的である．職業ごとに見ると，定型手仕事では若干の減少傾向とも見えるが，他の職業は年ごとに上下し，明確な傾向は読み取れない．

職業移動についても産業移動と同様に内部労働市場による移動率は低く，かつ年々減少しており，外部労働市場の重要性が高い様子が確認される．

次に産業，職業移動と自己啓発との関連について確認する．ここではそもそもの分析課題が，政策目的である「成熟産業から成長産業への失業なき労働移動」にどれだけ自己啓発が有益であるかを確認することにあるため，外部労働市場（転職，新規再就業者）に着目して見ていくこととする．表2.4では各内容の自己啓発実施者ごとに自己啓発実施前の産業（職業）と実施後の産業（職業）のクロス表を掲載している[14]．

まずは産業移動の方向性について，自己啓発非実施者も含めた全サンプルの集計結果を見ると，ターゲット産業やその他産業では他業種への移動はどこも少ないが，製造業では流通業へ，サービス業ではその他産業へ，流通業ではサービス業への移動が一定程度確認される．移動を促したいターゲット産業では，どの産業からも流入がそれほど大きいものではなく，外部労働市場についてもターゲット産業への参入は難しいのであろう．しかし自己啓発

---

[14] 同企業継続者についても同様のクロス表を確認してみたが，他の産業（職業）へ移動する者は各産業（職業）でどれも10%を下回っており，方向性の特徴を把握できるような情報は得られなかった．

表 2.4.A　自己啓発実施と産業の遷移状況

転職、新規就業者 全体

t-1期の産業	t期の産業								t期またはt+1期						
	ターゲット産業（医療、資源、インフラ、食糧など）	製造業	サービス業（飲食宿泊、その他サービス）	流通業（卸・小売、運動）	その他産業		N 人数	構成比（縦%）	ターゲット産業（医療、資源、インフラ、食糧など）	製造業	サービス業（飲食宿泊、その他サービス）	流通業（卸・小売、運動）	その他産業	N 人数	構成比（縦%）
ターゲット産業（医療、資源、インフラ、食糧など）	62.1	5.4	6.1	11.5	12.7	8.4	166	19.6	72.9	2.9	6.1	11.0	9.8	245	20.2
製造業	13.9	36.9	17.1	17.2	12.2	14.4	122	14.4	16.2	29.7	17.1	22.7	13.8	181	14.9
サービス業（飲食宿泊、その他サービス）	17.1	8.8	37.4	19.2	17.3	19.0	216	25.5	13.8	25.0	23.7	19.2	17.3	313	25.8
流通業（卸・小売、運動）	10.8	8.3	7.4	47.8	14.4	12.9	194	22.9	15.7	10.5	7.4	37.4	11.5	270	22.3
その他産業	9.3	6.7	11.9	12.4	55.5	54.0	150	17.7	9.6	17.1	12.4	14.4	55.5	202	16.7
計	22.6	11.7	11.5	23.2	20.3	23.6	848		23.2	11.5	11.5	23.2	20.3	1,211	100.0

転職、新規就業者 自己啓発実施者

t-1期の産業	ターゲット産業	製造業	サービス業	流通業	その他産業	N 人数	構成比（縦%）	ターゲット産業	製造業	サービス業	流通業	その他産業	N 人数	構成比（縦%）
ターゲット産業	69.4	8.2	6.1	10.2	6.1	49	23.6	62.9	2.9	2.9	5.7	8.6	70	24.6
製造業	21.7	26.1	21.7	21.7	8.7	23	11.1	16.2	29.7	29.7	29.7	21.6	37	13.0
サービス業	20.0	13.3	28.9	8.9	28.9	45	21.6	16.7	8.3	40.0	33.3	15.0	64	22.5
流通業	20.0	2.5	0.0	45.0	22.5	40	19.2	20.0	2.9	5.8	36.4	22.7	44	15.5
その他産業	17.4	5.9	5.8	13.0	55.8	51	24.5	17.4	8.8	15.9	10.1	60.9	69	24.3
計	30.3	9.1	11.5	15.9	29.3	208	100.0	31.3	8.8	13.9	17.6	28.9	284	100.0

転職、新規就業者 通学者

t-1期の産業	ターゲット産業	製造業	サービス業	流通業	その他産業	N 人数	構成比（縦%）	ターゲット産業	製造業	サービス業	流通業	その他産業	N 人数	構成比（縦%）
ターゲット産業	66.7	0.0	8.3	16.7	8.3	12	20.7	61.1	16.7	5.7	11.1	11.1	18	20.0
製造業	55.6	22.2	0.0	8.9	8.9	9	15.5	41.7	8.3	8.3	33.3	0.0	12	13.3
サービス業	28.6	7.1	21.4	14.3	28.6	14	24.1	32.0	8.0	40.0	8.0	12.0	25	27.8
流通業	12.5	0.0	50.0	0.0	37.5	8	13.8	18.2	4.5	27.3	36.4	9.1	11	12.2
その他産業	20.0	13.3	0.0	6.7	33.3	15	25.9	29.2	12.5	5.8	20.8	37.5	24	26.7
計	36.2	8.6	15.5	13.8	25.9	58	100.0	36.7	8.9	8.9	18.9	16.7	90	100.0

転職、新規就業者 通学以外の自己啓発実施者

t-1期の産業	ターゲット産業	製造業	サービス業	流通業	その他産業	N 人数	構成比（縦%）	ターゲット産業	製造業	サービス業	流通業	その他産業	N 人数	構成比（縦%）
ターゲット産業	70.3	8.1	8.1	10.8	2.7	0.0	37	24.7	76.9	3.9	0.0	7.7	7.7	52	26.8
製造業	16.1	28.6	14.3	21.4	3.2	16.1	31	20.7	4.0	36.0	0.0	12.0	32.0	25	12.9
サービス業	16.1	3.2	29.0	35.5	3.0	0.0	31	20.7	12.8	6.7	33.3	7.7	20.1	39	20.1
流通業	12.5	0.0	25.0	50.0	12.5	0.0	8	5.3	18.2	2.2	0.0	36.4	17.0	33	17.0
その他産業	11.1	2.9	2.9	25.0	66.7	0.0	36	24.0	11.1	2.2	8.9	4.4	73.3	45	23.2
計	28.0	9.3	16.0	11.3	35.3		150	100.0	28.9	8.8	14.4	13.4	34.5	194	100.0

転職、新規就業者 通学で卒業した者

t-1期の産業	ターゲット産業	製造業	サービス業	流通業	その他産業	N 人数	構成比（縦%）	ターゲット産業	製造業	サービス業	流通業	その他産業	N 人数	構成比（縦%）
ターゲット産業	66.7	0.0	8.3	8.3	16.7		12	24.5	53.9	23.1	0.0	15.4	7.7	13	21.3
製造業	62.5	12.5	0.0	0.0	0.0	25.0	8	16.3	50.0	10.0	10.0	30.0	0.0	15	16.4
サービス業	40.0	0.0	20.0	20.0	20.0	20.4	10	20.4	40.0	6.7	20.0	6.7	13.3	15	24.6
流通業	16.7	0.0	0.0	33.3	50.0		6	12.2	25.0	12.5	0.0	50.0	12.5	8	13.1
その他産業	23.1	7.7	7.7	15.4	38.5		13	26.5	20.0	6.7	6.7	33.3	28.7	15	24.6
計	42.9	6.1	15.4	12.2	22.5		49	100.0	37.7	9.8	9.8	16.4	23.0	61	100.0

表 2.4.B 自己啓発実施者の職業の遷移状況

転職・新規就業者 全体

	非定形分析	非定形相互	定型認識	定型手仕事	非定形手仕事	計
t-1期の職業 非定形分析	65.6	6.4	10.4	6.4	11.2	
非定形相互	6.9	41.7	17.1	13.1	21.1	
定型認識	6.4	14.1	57.1	7.7	14.7	
定型手仕事	7.8	9.2	17.0	52.5	13.5	
非定形手仕事	7.9	11.4	11.8	17.0	52.0	
計	16.1	17.2	22.3	17.4	27.0	

人数	構成比(縦%)
125	15.1
175	21.2
156	18.9
141	17.1
229	27.7
826	100.0

転職・新規就業者 自己啓発実施者

	非定形分析	非定形相互	定型認識	定型手仕事	非定形手仕事	計
t-1期の職業 非定形分析	81.5	5.6	5.6	1.9	5.6	
非定形相互	19.5	39.0	19.5	7.3	14.6	
定型認識	6.8	18.2	54.6	9.1	11.4	
定型手仕事	33.3	6.7	13.3	33.3	13.3	
非定形手仕事	19.2	8.5	19.2	8.5	44.7	
計	34.3	15.9	22.9	9.5	17.4	

人数	構成比(縦%)
54	26.9
41	20.4
44	21.9
15	7.5
47	23.4
201	100.0

転職・新規就業者 通学者

	非定形分析	非定形相互	定型認識	定型手仕事	非定形手仕事	計
t-1期の職業 非定形分析	87.5	0.0	6.3	0.0	6.3	
非定形相互	0.0	16.7	16.7	16.7	50.0	
定型認識	5.3	10.5	63.2	10.5	10.5	
定型手仕事	60.0	0.0	20.0	20.0	0.0	
非定形手仕事	20.0	10.0	10.0	0.0	60.0	
計	35.7	7.1	26.8	7.1	23.2	

人数	構成比(縦%)
16	28.6
6	10.7
19	33.9
5	8.9
10	17.9
56	100.0

転職・新規就業者 通学以外の自己啓発実施者

	非定形分析	非定形相互	定型認識	定型手仕事	非定形手仕事	計
t-1期の職業 非定形分析	79.0	7.9	5.7	2.6	5.7	
非定形相互	22.9	42.9	20.0	5.7	8.6	
定型認識	8.0	24.0	48.0	8.0	12.0	
定型手仕事	20.0	0.0	20.0	40.0	20.0	
非定形手仕事	18.9	8.1	21.6	10.8	40.5	
計	33.8	19.3	21.4	10.3	15.2	

人数	構成比(縦%)
38	26.2
35	24.1
25	17.2
10	6.9
37	25.5
145	100.0

転職・新規就業者 通学して卒業した者

	非定形分析	非定形相互	定型認識	定型手仕事	非定形手仕事	計
t-1期の職業 非定形分析	85.7	0.0	7.1	0.0	7.1	
非定形相互	0.0	20.0	20.0	20.0	40.0	
定型認識	5.9	5.9	64.7	11.8	11.8	
定型手仕事	60.0	0.0	0.0	20.0	20.0	
非定形手仕事	33.3	0.0	0.0	16.7	50.0	
計	38.3	2.1	29.8	8.5	21.3	

人数	構成比(縦%)
14	29.8
5	10.6
17	36.2
5	10.6
6	12.8
47	100.0

転職・新規就業者 全体

	非定形分析	非定形相互	定型認識	定型手仕事	非定形手仕事	計
t+1期の職業 非定形分析	65.2	7.1	10.9	4.9	12.0	
非定形相互	5.8	43.0	16.1	8.0	23.1	
定型認識	6.7	13.8	56.9	7.9	14.7	
定型手仕事	7.7	9.9	5.9	53.6	23.0	
非定形手仕事	7.6	13.8	13.2	13.2	52.2	
計	16.0	18.0	20.3	18.2	27.5	

人数	構成比(縦%)
184	15.4
242	20.3
225	18.9
222	18.6
318	26.7
1,191	100.0

転職・新規就業者 自己啓発実施者

	非定形分析	非定形相互	定型認識	定型手仕事	非定形手仕事	計
t+1期の職業 非定形分析	75.3	9.1	7.8	2.6	5.2	
非定形相互	13.5	36.5	23.1	9.6	17.3	
定型認識	7.6	12.1	57.6	9.1	13.6	
定型手仕事	11.1	18.5	7.4	40.7	22.2	
非定形手仕事	17.9	17.9	3.6	7.1	53.6	
計	29.9	17.6	21.6	10.1	20.9	

人数	構成比(縦%)
77	27.7
52	18.7
66	23.7
27	9.7
56	20.1
278	100.0

転職・新規就業者 通学者

	非定形分析	非定形相互	定型認識	定型手仕事	非定形手仕事	計
t+1期の職業 非定形分析	76.0	8.0	8.0	0.0	8.0	
非定形相互	12.5	25.0	12.5	25.0	25.0	
定型認識	10.7	3.6	64.3	7.1	14.3	
定型手仕事	16.7	8.3	8.3	33.3	33.3	
非定形手仕事	25.0	18.8	0.0	0.0	56.3	
計	32.6	10.1	24.7	9.0	23.6	

人数	構成比(縦%)
25	28.1
8	9.0
28	31.5
12	13.5
16	18.0
89	100.0

転職・新規就業者 通学以外の自己啓発実施者

	非定形分析	非定形相互	定型認識	定型手仕事	非定形手仕事	計
t+1期の職業 非定形分析	75.0	9.1	7.7	3.9	3.9	
非定形相互	13.6	38.6	25.0	6.8	15.9	
定型認識	5.3	18.4	52.6	10.5	13.2	
定型手仕事	6.7	24.4	6.7	46.7	15.5	
非定形手仕事	15.0	17.5	5.0	10.0	52.5	
計	28.6	21.2	20.1	10.6	19.6	

人数	構成比(縦%)
52	27.5
44	23.3
38	20.1
15	7.9
40	21.2
189	100.0

転職・新規就業者 通学して卒業した者

	非定形分析	非定形相互	定型認識	定型手仕事	非定形手仕事	計
t+1期の職業 非定形分析	73.3	13.3	13.3	0.0	13.3	
非定形相互	0.0	28.6	14.3	28.6	28.6	
定型認識	5.6	5.6	61.1	16.7	11.1	
定型手仕事	19.2	9.1	27.3	38.4	21.1	
非定形手仕事	33.3	11.1	0.0	0.0	55.6	
計	28.3	8.3	25.0	11.7	26.7	

人数	構成比(縦%)
15	25.0
7	11.7
18	30.0
11	18.3
9	15.0
60	100.0

実施者のみの結果を見ると，非実施者を含んだ集計結果よりもターゲット産業への流入は多くなっており，その他産業への流入も多くなっている．また通学者や卒業者のみの集計結果を見ると，さらにターゲット産業への流入が多くなっており，自己啓発の中でも特に通学に関する人的資本投資がターゲット産業への労働移動を促進させると考えられる．一方で，通学以外の自己啓発実施者による集計結果を見ると，流通業からターゲット産業への移動も多くなっているが，それ以上にその他産業への移動が多くなっている様子が確認される．自己啓発の中でもその内容によって，異なる産業の技能が蓄積されていると考えられる．また自己啓発実施者の傾向は，二年間の比較である $t+1$ 期との比較においても，若干特徴が弱まっているものの大きくは異ならない．

次に職業移動の方向性について，自己啓発非実施者も含めた全サンプルの結果を見ると，どの職業も他への移動は少なく，特に今後の増加が期待される非定形分析への移動が少ない．一方，低スキルながらも今後の需要増が見込まれる非定形手仕事への移動がどの職業からも多い様子が伺える．ただし，自己啓発実施者のみの結果を見ると，全サンプルの結果に比べて非定形分析への労働移動が大きくなっており，特に通学者や卒業者では手仕事業務から非定形分析業務への移動が大きく，通学以外の自己啓発では全般的に非定形相互への移動が大きくなっている．企業移動も伴う外部労働市場による職業転換については，非定形手仕事への移動以外は難しいのだが，通学のような自己啓発を行うことで非定形分析への移動もしやすくなっていると考えられる．また $t+1$ 期の移動を見ると，通学以外では産業移動と同様に $t+1$ 期の他職業への移動率が若干低下している．

ただし，このような単純集計の結果は自己啓発実施者と非実施者の年齢の違いなど複数要因がコントロールされておらず，純粋な自己啓発の効果を反映していない可能性が大きい．やはり複数の要因をコントロールする必要がある．

2.4 分析結果

2.4.1 産業,職業移動確率の現状把握に関する分析

では次に複数要因をコントロールした分析を行い,産業・職業移動の状況確認や移動確率に関する自己啓発の影響を見ていく.まずは (2.1) 式のプロビットモデルの推計結果を表 2.5 に掲載した.ここでは合わせてパネルデータの特性を利用し,線形確率モデルに基づく固定効果推計や変量効果推計も行い,検定により指示される結果についても掲載した.表 2.5 で特に着目したいのはまずは前期の産業,職業ダミーであり,どのような産業 (職業) で移動が発生しやすいのかを確認する.次に調査年ダミーであり,経時的な傾向の変化が見られるかどうかを確認したい.

まずは各産業の移動率への影響を見ると,サービス業では外部労働市場でも内部労働市場でも他業種へ移動しやすい様子が確認できる.ただし内部労働市場については固定効果モデルの分析結果では統計的に有意な結果が示されず,サービス業に就いている労働者のデータに現れない特性によって他業種への移動にプラスの影響が出ていた可能性がある.また製造業や流通業については,内部労働市場では他業種への移動がされにくいものの,外部労働市場では他業種への移動が起きやすくなっている.転職そのものを促進させるだけでも,製造業や流通業からの労働移動は期待できるだろう.一方で,ターゲット産業の移動は内部労働市場では発生しにくく,外部労働市場でも特に移動が盛んな様子はない.もともと当該産業に就いている者ほど,転職の有無に関わらず同産業に留まりやすいと考えられる.また産業移動に関する調査年ダミーの結果を見ると,内部労働市場では全ての年でマイナスに有意な結果が示され,数値の絶対値も年々高まってきているように見える.近年ほど内部労働市場における産業移動の発生は期待できなくなっているのかもしれない.反面,外部労働市場ではおおむねどの調査年ダミーも有意な結果は見られず,複数の要因をコントロールした場合にも,外部労働市場における産業移動の発生率は横ばいであるといえる.

続いて各職業の移動率への影響を見ると,外部労働市場ではどの職業も非定形相互に比べて移動確率は低く,特に非定形分析や定型認識の絶対値が大

表 2.5 産業移動，職業移動率に関する推計結果

被説明変数	t期 産業移動有りダミー			t期 職業移動有りダミー			t期 産業移動有りダミー			t期 職業移動有りダミー		
サンプル	雇用就業者	外部市場（転職，新規就業者）	内部市場（同企業継続，出向者）	雇用就業者	外部市場（転職，新規就業者）	内部市場（同企業継続，出向者）	雇用就業者	外部市場（転職，新規就業者）	内部市場（同企業継続，出向者）	雇用就業者	外部市場（転職，新規就業者）	内部市場（同企業継続，出向者）
モデル	Probit						RE LPM	RE LPM	FE LPM	RE LPM	RE LPM	RE LPM
説明変数	限界効果						係数					
t-1期都道府県別求人倍率	-0.012 [0.064]	0.069 [0.164]	-0.008 [0.076]	0.01 [0.056]	0.003 [0.168]	0.02 [0.061]	-0.016 [0.015]	0.064 [0.063]	-0.04 [0.021]*	0.012 [0.018]	0.007 [0.068]	0.019 [0.018]
男性ダミー	-0.004 [0.041]	-0.142 [0.099]***	0.01 [0.049]	-0.083 [0.039]***	-0.083 [0.107]***	-0.083 [0.043]***	0.059 [0.011]	0.002 [0.038]***	-	0.038 [0.013]***	-0.082 [0.043]***	0.056 [0.013]***
20代ダミー（ベース50代）	0.031 [0.059]***	0.073 [0.147]	-0.009 [0.073]	0.072 [0.054]***	0.1 [0.150]***	0.032 [0.060]***	0.029 [0.015]*	0.074 [0.056]	-0.033 [0.029]	0.006 [0.018]***	0.102 [0.060]***	0.028 [0.018]
30代ダミー（ベース50代）	0.007 [0.045]	-0.012 [0.120]	-0.012 [0.053]*	0.03 [0.040]***	0.046 [0.123]	0.008 [0.053]	0.011 [0.011]	-0.011 [0.046]	-0.005 [0.014]	0.011 [0.014]	0.05 [0.050]	0.013 [0.014]
40代ダミー（ベース50代）	0.003 [0.043]	0.013 [0.122]	-0.011 [0.050]	0.018 [0.038]*	-0.029 [0.118]	0.012 [0.041]	0.012 [0.010]	-0.013 [0.047]	0.007 [0.014]	0.019 [0.013]	-0.02 [0.050]	0.008 [0.014]
t-1期個人属性 正規就業（ベース非正規就業）	-0.049 [0.041]***	-0.074 [0.104]***	-0.008 [0.050]	-0.035 [0.038]***	-0.076 [0.109]***	-0.004 [0.043]	-0.057 [0.010]***	-0.078 [0.040]***	0.004 [0.016]	-0.02 [0.012]***	-0.065 [0.042]	0.009 [0.012]
無業（ベース非正規就業）	0.378 [0.084]***	0.015 [0.112]	-0.01 [0.087]***	0.271 [0.063]***	-0.005 [0.115]	-	0.379 [0.011]***	0.015 [0.044]	-	0.277 [0.014]***	0.014 [0.044]	-
大学，大学院卒ダミー	-0.003 [0.040]	0.073 [0.102]*	-	0.024 [0.035]***	0.018 [0.110]	0.018 [0.038]**	0.006 [0.011]	0.072 [0.039]*	-	0.028 [0.013]***	0.021 [0.045]	0.013 [0.013]
配偶者有りダミー	-0.004 [0.065]	-0.072 [0.120]	0.006 [0.076]	0.03 [0.058]***	0.129 [0.168]***	0.022 [0.065]	0.015 [0.015]	-0.061 [0.065]	-0.018 [0.018]***	0.032 [0.018]	0.117 [0.067]*	0.024 [0.018]
子供ありダミー	-0.011 [0.061]	0.088 [0.161]	-0.014 [0.069]	-0.013 [0.053]	-0.085 [0.160]	0.059 [0.014]	0.001 [0.014]	0.086 [0.065]	-0.01 [0.017]	-0.02 [0.017]	-0.065 [0.064]	-0.014 [0.017]
t-1期産業ダミー（ベース：その他） ターゲット産業（医療，資源，インフラ，食糧など）	-0.053 [0.056]***	-0.076 [0.134]	-0.045 [0.068]***	-	-	-	-0.06 [0.013]***	-0.066 [0.051]	-0.105 [0.024]***	-	-	-
製造業	-0.036 [0.054]***	0.19 [0.146]***	-0.039 [0.064]***	-	-	-	-0.044 [0.013]***	0.188 [0.055]***	-0.238 [0.024]***	-	-	-
サービス業（飲食宿泊，その他サービス）	0.078 [0.050]***	0.151 [0.125]***	0.054 [0.058]***	-	-	-	0.087 [0.013]***	0.146 [0.047]***	-0.012 [0.019]	-	-	-
流通業（卸・小売，運輸）	-0.007 [0.052]	0.105 [0.128]***	-0.012 [0.061]***	-	-	-	-0.016 [0.013]	0.1 [0.049]**	-0.148 [0.022]***	-	-	-
t-1期調査年ダミー（2004年ベース） 2005年ダミー	-0.032 [0.063]***	0.018 [0.168]	-0.028 [0.072]***	0.053 [0.060]***	-0.084 [0.188]	0.056 [0.064]***	-0.041 [0.011]***	0.018 [0.063]	-0.042 [0.011]***	0.053 [0.015]***	-0.064 [0.071]	0.056 [0.014]***
2006年ダミー	-0.047 [0.067]***	-0.048 [0.174]	-0.041 [0.079]***	-0.015 [0.063]	-0.128 [0.189]***	-0.058 [0.069]***	-0.058 [0.012]***	-0.043 [0.065]	-0.056 [0.012]***	-0.018 [0.015]	-0.124 [0.071]*	-0.017 [0.015]
2007年ダミー	-0.041 [0.062]***	0.029 [0.168]	-0.03 [0.071]***	-0.082 [0.058]	-0.092 [0.183]	0.028 [0.063]***	-0.053 [0.012]***	0.028 [0.063]	-0.053 [0.013]***	-0.085 [0.015]***	0.001 [0.070]	0.008 [0.014]
2008年ダミー	-0.041 [0.062]***	-0.036 [0.163]	-0.035 [0.071]***	-0.01 [0.058]	-0.095 [0.177]	0.008 [0.063]	-0.057 [0.012]***	-0.021 [0.061]	-0.053 [0.012]***	0.008 [0.015]	-0.085 [0.067]	0.003 [0.014]
2009年ダミー	-0.057 [0.063]***	0.116 [0.175]***	-0.046 [0.071]***	-0.012 [0.059]	-0.032 [0.188]	-0.008 [0.063]	-0.079 [0.012]***	0.085 [0.065]	-0.077 [0.012]***	-0.009 [0.015]	-0.023 [0.070]	-0.003 [0.014]
2010年ダミー	-0.075 [0.071]***	0.085 [0.185]***	-0.061 [0.086]***	-0.021 [0.063]	-0.097 [0.201]	-0.014 [0.069]	-0.106 [0.013]***	0.064 [0.069]	-0.012 [0.014]***	-0.016 [0.015]	-0.093 [0.076]	-0.007 [0.015]
2011年ダミー	-0.072 [0.069]***	0.021 [0.184]	-0.058 [0.084]***	-0.01 [0.062]	-0.063 [0.193]	-0.003 [0.067]	-0.1 [0.012]***	0.018 [0.068]	-0.013 [0.013]***	-0.01 [0.015]	-0.029 [0.073]	0 [0.015]
t-1期職種（ベース：非定形相互） 非定形分析	-	-	-	-0.049 [0.046]***	-0.238 [0.145]***	-0.049 [0.049]**	-	-	-	-0.054 [0.015]***	-0.228 [0.056]***	-0.01 [0.014]
定型認識	-	-	-	-0.014 [0.046]	-0.194 [0.135]***	0.012 [0.049]	-	-	-	-0.011 [0.015]	-0.206 [0.056]	0.023 [0.015]
定型手仕事	-	-	-	-0.048 [0.046]	-0.093 [0.139]*	-0.037 [0.051]***	-	-	-	-0.046 [0.015]	-0.074 [0.054]	-0.035 [0.015]*
非定形手仕事	-	-	-	-0.014 [0.046]	-0.112 [0.123]*	-0.01 [0.082]	-	-	-	0 [0.014]**	-0.104 [0.048]**	0.006 [0.015]
定数項	-	-	-	-	-	-	0.242 [0.021]***	0.418 [0.092]***	0.303 [0.033]***	0.144 [0.025]***	0.621 [0.100]***	0.083 [0.025]***
サンプルサイズ	10,779	1,030	9,686	10,366	951	9,360	10,779	1,030	9,686	10,366	951	9,360
Group	2,509	713	2,402	2,463	667	2,363	2,509	713	2,402	2,463	667	2,363

注1：[ ] 内の値は標準誤差を表す．
注2：***は1%水準，**は5%水準，*は10%水準で有意であることを示す．
注3：ハウスマン検定，Breusch and Pagan 検定の結果，5%水準で棄却されるモデルの結果を掲載している．

きく，このような職業からの移動率が低い様子が見られる．また内部労働市場では定型手仕事からの移動率が低いことが確認され，技術進歩によって代替されやすいと指定される定型手仕事であるが，内部労働市場ではこの分野からの転換は進まない様子が確認される．また調査年ダミーを見ると，職業移動においては内部・外部労働市場ともに経時的な特徴は確認されない．Kambourov and Iourii（2008）によると，米国では時系列での産業，職業移動率はともに高まってきていることが報告されているが，日本においては移動

率の高まりは見られず,むしろ内部労働市場を通じた産業移動率は低下してきている[15].

また,どのような産業,職業からどのような産業,職業への移動が発生しやすいかを確認するために,(2.2)式を多項プロビットモデルで推計し,結果を表2.6に掲載した.

まずは新規就業,転職をしたサンプルによる外部労働市場に関する分析結果を見ると,どの産業,職業もやはり同分野へと転職,就職しやすくなっており,特にターゲット産業や定型分析では限界効果も大きくなっている.しかしながら他分野への移動についても一部では正の結果が確認され,流通業からサービス業,定型手仕事から非定形分析への移動,就職については有意にプラスの結果となっている.外部労働市場においては,サービス業や非定形分析職が移動者の移動先となっており,流通業や定形手仕事職が移動元となっていると考えられる.

次に内部労働市場に関する分析結果を見ると,いずれの産業,職業でも当然ながら同分野において有意に正の結果となる.しかし,流通業や非定形分析,定型手仕事については他分野からの流入も比較的多い様子が見られる.非定形分析が他分野からの移動先となっている様子は外部労働市場と同様だが,外部労働市場では移動元であった流通業や定形手仕事も,内部労働市場においては移動先となっている.特に将来的に需要が先細ると指摘される定型手仕事で移動者が受入れられているのは,内部労働市場の特徴であろう.

2.4.2 自己啓発の実施が産業,職業移動に与える影響に関する分析

続いて自己啓発の実施と産業,職業移動との関係性についての分析結果を見ていく.ここでは分析の第一段階として自己啓発の実施に関するプロビット分析を行い,第二段階として前段階の分析で得られる自己啓発実施に関す

---

[15] 但し,本稿で用いている産業,職業ダミーはかなり大きな区分となっている.Kambourov and Iourii (2008) でも指摘されているように,大分類か小分類かによっても移動率の程度は異なるために,より細かな分類で確認した場合には様相は異なる可能性がある.本稿ではあくまで大枠の分類を用いて大まかな傾向を把握したのみであることには注意を要する.

表 2.6
前期の産業（職業）と当期の産業（職業）との関係性に関する多項プロビット分析

	被説明変数	t期 産業ダミー					t期 職業ダミー				
		ターゲット産業	製造業	サービス業	流通業	その他産業	非定型分析	非定型相互	定型認識	定型手仕事	非定型手仕事
	サンプル	転職、新規就業者					転職、新規就業者				
	モデル	M-Probit					M-Probit				
t-1期 個人属性	男性ダミー	0.017 [0.028]	0.073 [0.023]***	-0.009 [0.031]	-0.040 [0.031]	-0.040 [0.029]	-0.010 [0.024]	0.033 [0.028]	-0.193 [0.032]***	0.172 [0.026]***	-0.002 [0.033]
	20代ダミー(ベース50代)	0.009 [0.041]	-0.001 [0.036]	-0.049 [0.045]	0.038 [0.045]	0.002 [0.043]	0.019 [0.035]	0.031 [0.042]	0.050 [0.043]	0.025 [0.039]	-0.126 [0.048]***
	30代ダミー(ベース50代)	0.001 [0.034]	0.013 [0.03]	-0.012 [0.036]	-0.012 [0.036]	0.021 [0.035]	0.022 [0.03]	0.002 [0.035]	0.020 [0.037]	-0.002 [0.031]	-0.041 [0.039]
	40代ダミー(ベース50代)	-0.029 [0.03]	0.039 [0.03]	-0.057 [0.038]	-0.010 [0.037]	0.058 [0.035]	0.011 [0.031]	0.036 [0.035]	0.001 [0.038]	0.027 [0.031]	-0.075 [0.04]*
	正規就業(ベース非正規就業)	-0.038 [0.03]	-0.030 [0.025]	-0.017 [0.033]	0.089 [0.032]***	-0.003 [0.03]	0.002 [0.026]	0.038 [0.03]	-0.048 [0.031]	-0.025 [0.029]	0.033 [0.035]
	無業(ベース非正規就業)	-0.028 [0.032]	-0.052 [0.028]*	0.015 [0.034]	0.092 [0.033]***	-0.026 [0.031]	-0.014 [0.031]	0.047 [0.032]***	-0.094 [0.032]***	0.037 [0.029]	0.037 [0.037]
	大学、大学院卒ダミー	-0.015 [0.029]	0.029 [0.023]	-0.014 [0.032]	-0.109 [0.033]***	0.110 [0.027]***	0.096 [0.023]***	0.025 [0.029]	0.084 [0.03]***	-0.134 [0.033]***	-0.071 [0.037]
t-1期産業ダミー (ベース：その他)	ターゲット産業(医療、資源、インフラ、食糧など)	0.360 [0.033]***	-0.036 [0.034]	0.010 [0.044]	-0.034 [0.042]	-0.300 [0.035]***	-	-	-	-	-
	製造業	0.036 [0.043]	0.157 [0.03]***	0.057 [0.047]	0.035 [0.043]	-0.285 [0.038]***	-	-	-	-	-
	サービス業(飲食宿泊、その他サービス)	0.041 [0.037]	0.003 [0.03]	0.191 [0.038]***	-0.032 [0.039]	-0.202 [0.029]***	-	-	-	-	-
	流通業(卸・小売、運輸)	-0.009 [0.039]	-0.013 [0.031]	0.092 [0.041]**	0.199 [0.036]***	-0.269 [0.031]***	-	-	-	-	-
t-1期職種 (ベース：非定型手仕事相互)	非定形分析	-	-	-	-	-	0.291 [0.027]***	-0.216 [0.029]***	-0.051 [0.042]	-0.018 [0.04]	-0.007 [0.048]
	定型認識	-	-	-	-	-	0.007 [0.034]	-0.145 [0.032]***	0.218 [0.031]***	-0.015 [0.038]	-0.065 [0.046]
	定型手仕事	-	-	-	-	-	0.059 [0.034]*	-0.217 [0.03]***	-0.033 [0.042]	0.176 [0.029]***	0.015 [0.043]
	非定形手仕事	-	-	-	-	-	0.023 [0.03]	-0.186 [0.029]***	-0.024 [0.033]	-0.028 [0.031]	0.216 [0.035]***
	調査年ダミー	Yes	Yes	Yes	Yes	Yes	Yes	Yes	Yes	Yes	Yes
	t-1期県別求人倍率	Yes	Yes	Yes	Yes	Yes	Yes	Yes	Yes	Yes	Yes
	配偶者有りダミー	Yes	Yes	Yes	Yes	Yes	Yes	Yes	Yes	Yes	Yes
	子ども有りダミー	Yes	Yes	Yes	Yes	Yes	Yes	Yes	Yes	Yes	Yes
	サンプルサイズ	1,030					951				

	被説明変数	t期 産業ダミー					t期 職業ダミー				
		ターゲット産業	製造業	サービス業	流通業	その他産業	非定型分析	非定型相互	定型認識	定型手仕事	非定型手仕事
	サンプル	同企業継続、出向者					同企業継続、出向者				
	モデル	M-Probit					M-Probit				
t-1期 個人属性	男性ダミー	0.001 [0.003]	-0.002 [0.004]	-0.001 [0.005]	0.015 [0.005]***	-0.013 [0.004]***	-0.026 [0.006]***	0.022 [0.007]***	-0.055 [0.007]***	0.042 [0.006]***	0.017 [0.006]***
	20代ダミー(ベース50代)	-0.002 [0.005]	0.005 [0.006]	0.004 [0.008]	-0.007 [0.007]	0.000 [0.006]	0.014 [0.009]	-0.017 [0.01]	0.014 [0.009]	-0.005 [0.009]	-0.006 [0.009]
	30代ダミー(ベース50代)	0.001 [0.003]	-0.002 [0.004]	-0.004 [0.006]	0.002 [0.005]	0.003 [0.005]	0.007 [0.007]	-0.002 [0.007]	0.019 [0.007]***	-0.008 [0.006]	0.009 [0.006]
	40代ダミー(ベース50代)	0.001 [0.003]	0.002 [0.004]	-0.003 [0.005]	-0.003 [0.005]	-0.002 [0.004]	0.010 [0.007]	-0.008 [0.007]	0.014 [0.007]**	-0.008 [0.006]	-0.008 [0.006]
	正規就業(ベース非正規就業)	0.002 [0.003]	0.008 [0.004]*	-0.007 [0.005]	-0.015 [0.005]***	0.012 [0.004]***	0.033 [0.006]***	-0.016 [0.007]**	0.025 [0.006]***	-0.007 [0.006]	-0.035 [0.006]***
	無業(ベース非正規就業)						0.007 [0.007]***	0.007 [0.007]***	-0.006 [0.006]***	-0.006 [0.006]	0.006 [0.006]***
	大学、大学院卒ダミー	0.000 [0.003]	0.003 [0.004]	-0.018 [0.005]***	-0.008 [0.004]**	0.023 [0.005]***	0.040 [0.006]***	0.019 [0.006]***	0.019 [0.006]***	-0.053 [0.006]***	-0.026 [0.006]***
t-1期産業ダミー (ベース：その他)	ターゲット産業(医療、資源、インフラ、食糧など)	0.128 [0.006]***	0.007 [0.006]	-0.003 [0.007]	0.018 [0.008]**	-0.150 [0.006]***	-	-	-	-	-
	製造業	-0.002 [0.006]	0.145 [0.007]***	-0.002 [0.008]	0.020 [0.008]**	-0.161 [0.007]***	-	-	-	-	-
	サービス業(飲食宿泊、その他サービス)	0.000 [0.005]	-0.014 [0.005]***	0.166 [0.005]***	0.011 [0.006]*	-0.163 [0.005]***	-	-	-	-	-
	流通業(卸・小売、運輸)	-0.007 [0.005]	-0.014 [0.005]***	-0.011 [0.007]	0.192 [0.007]***	-0.159 [0.006]***	-	-	-	-	-
t-1期職種 (ベース：非定型手仕事相互)	非定形分析	-	-	-	-	-	0.253 [0.006]***	-0.273 [0.007]***	-0.016 [0.007]	0.031 [0.007]***	0.004 [0.008]
	定型認識	-	-	-	-	-	0.009 [0.008]	-0.248 [0.005]***	0.227 [0.007]	0.022 [0.008]***	-0.009 [0.007]
	定型手仕事	-	-	-	-	-	0.029 [0.007]***	-0.265 [0.007]***	-0.006 [0.007]	0.245 [0.007]***	-0.003 [0.008]
	非定形手仕事	-	-	-	-	-	0.019 [0.008]*	-0.245 [0.006]***	-0.012 [0.008]	0.012 [0.008]	0.226 [0.005]***
	調査年ダミー	Yes	Yes	Yes	Yes	Yes	Yes	Yes	Yes	Yes	Yes
	t-1期県別求人倍率	Yes	Yes	Yes	Yes	Yes	Yes	Yes	Yes	Yes	Yes
	配偶者有りダミー	Yes	Yes	Yes	Yes	Yes	Yes	Yes	Yes	Yes	Yes
	子ども有りダミー	Yes	Yes	Yes	Yes	Yes	Yes	Yes	Yes	Yes	Yes
	サンプルサイズ	9,686					9,360				

注1：[ ] 内の値は標準誤差を表す．
注2：*** は 1％水準，** は 5％水準，* は 10％水準で有意であることを示す．

表2.7 自己啓発の実施に関するプロビット分析結果

被説明変数		自己啓発実施ダミー		通学実施ダミー		通学以外の自己啓発ダミー		通学して卒業したダミー	
サンプル		t期 外部労働市場に参入(転職、新規就業者)	t期またはt+1期 外部労働市場に参入(転職、新規就業者)	t期 外部労働市場に参入(転職、新規就業者)	t期またはt+1期 外部労働市場に参入(転職、新規就業者)	t期 外部労働市場に参入(転職、新規就業者)	t期またはt+1期 外部労働市場に参入(転職、新規就業者)	t期 外部労働市場に参入(転職、新規就業者)	t期またはt+1期 外部労働市場に参入(転職、新規就業者)
モデル		\multicolumn{8}{c}{Probit}
説明変数		\multicolumn{8}{c}{限界効果}
t-1期	t-1期 都道府県別求人倍率	-0.004 [0.196]	-0.035 [0.156]	0.01 [0.305]	-0.002 [0.222]	-0.01 [0.209]	-0.029 [0.170]	0.019 [0.318]	0.014 [0.246]
t-1期 個人属性	男性ダミー	0.027 [0.128]	0.008 [0.102]	-0.019 [0.193]	-0.017 [0.142]	0.045 [0.137]	0.022 [0.111]	-0.019 [0.211]	-0.018 [0.163]
	20代ダミー(ベース50代)	0.003 [0.180]	0.027 [0.140]	-0.006 [0.287]	0.027 [0.204]	0.014 [0.192]	0.004 [0.152]	0.004 [0.293]	0.01 [0.232]
	30代ダミー(ベース50代)	-0.004 [0.148]	-0.018 [0.116]	0.013 [0.237]	0.013 [0.176]	-0.017 [0.159]	-0.024 [0.125]	-0.002 [0.248]	0.008 [0.197]
	40代ダミー(ベース50代)	-0.006 [0.149]	-0.032 [0.116]	0.027 [0.236]	0.019 [0.174]	-0.033 [0.161]	-0.043 [0.127]	0.01 [0.247]	0.012 [0.196]
	正規就業(ベース非正規就業)	-0.027 [0.134]	0.001 [0.102]	-0.007 [0.206]	0.005 [0.142]	-0.019 [0.143]	-0.006 [0.111]	0.002 [0.220]	0.014 [0.162]
	無業(ベース非正規就業)	0.041 [0.135]	0.019 [0.111]	0.049 [0.178]**	0.051 [0.140]***	-0.028 [0.153]	-0.042 [0.129]	0.049 [0.191]**	0.053 [0.155]***
	大学、大学院卒ダミー	0.115 [0.122]***	0.093 [0.097]***	0.01 [0.187]	0.01 [0.137]	0.106 [0.130]***	0.081 [0.103]***	-0.003 [0.206]	0.012 [0.156]
	配偶者有りダミー	-0.099 [0.202]	-0.043 [0.152]	-0.047 [0.310]	-0.009 [0.199]	-0.046 [0.220]	-0.036 [0.171]	-0.023 [0.316]	0 [0.217]
	子供ありダミー	0.011 [0.192]	-0.023 [0.144]	0.024 [0.301]	-0.033 [0.194]	0.018 [0.208]	0.019 [0.162]	-0.006 [0.308]	-0.029 [0.211]
	世帯所得	0.00007 [0.000]	0.00002 [0.000]	0.00002 [0.000]	0.00001 [0.000]	0.00002 [0.000]	-0.000002 [0.000]	-0.000003 [0.000]	-0.00001 [0.000]
t-1期産業ダミー(ベース：その他)	ターゲット産業(医療、資源、インフラ、食糧など)	0.013 [0.163]	0.021 [0.129]	-0.008 [0.238]	-0.02 [0.177]	0.028 [0.174]	0.049 [0.138]	0.001 [0.246]	-0.006 [0.199]
	製造業	-0.019 [0.196]	0.008 [0.154]	0.012 [0.270]	-0.009 [0.208]	-0.025 [0.217]	0.017 [0.170]	0.008 [0.288]	-0.001 [0.230]
	サービス業(飲食宿泊、その他サービス)	-0.06 [0.175]	-0.043 [0.137]	-0.009 [0.249]	0.006 [0.183]	-0.047 [0.191]	-0.046 [0.151]	-0.01 [0.277]	0.004 [0.213]
	流通業(卸・小売、運輸)	-0.054 [0.169]	-0.064 [0.134]*	-0.017 [0.246]	-0.015 [0.196]	-0.034 [0.181]	-0.047 [0.146]	-0.019 [0.287]	-0.01 [0.222]
t-1期職種(ベース：非定型相互)	非定形分析	0.126 [0.188]***	0.138 [0.147]***	0.082 [0.295]**	0.097 [0.219]***	0.033 [0.198]	0.043 [0.156]	0.059 [0.312]*	0.04 [0.244]
	定型認識	0.03 [0.169]	0.041 [0.134]	0.06 [0.265]**	0.073 [0.200]**	-0.033 [0.183]	-0.021 [0.147]	0.043 [0.280]	0.031 [0.220]
	定型手仕事	-0.14 [0.220]***	-0.127 [0.168]***	0.002 [0.353]	0.036 [0.248]	-0.132 [0.241]***	-0.133 [0.188]***	-0.002 [0.371]	0.026 [0.267]*
	非定形手仕事	0.001 [0.172]	-0.019 [0.139]	0.021 [0.289]	0.005 [0.224]	-0.018 [0.182]	-0.019 [0.149]	0.001 [0.323]	-0.011 [0.258]
	調査年ダミー	Yes	Yes	Yes	Yes	Yes	Yes	Yes	Yes
	サンプルサイズ	848	1211	848	1211	848	1211	848	1211

注1： [ ]内の値は標準誤差を表す．
注2： ***は1％水準，**は5％水準，*は10％水準で有意であることを示す．

る傾向値を用いたPSM法の分析を行う．まずは自己啓発実施に関するプロビット分析の結果を表2.7より確認していく．表を見ると自己啓発実施に与える説明変数の影響は，各自己啓発の内容次第で異なっている様子が確認できる．具体的には，大学，大学院卒ダミーは通学以外の自己啓発実施率を有意に高め，前期定型手仕事ダミーは通学以外の自己啓発実施率を有意に低くしているが，通学や卒業に対しては有意な影響が見られない．一方，前期無業は通学や卒業実施率で有意な正の値となり，仕事を持ちながらの通学は難しいのか，通学・卒業実施者は転職者よりも無業から新規就業した者に多い

ことが示唆される．また，前期が非定形分析や定型認識であった者も通学実施において有意に正の影響が見られる．自己啓発の内容によって，実施した個人の属性が異なっている様子が確認され，自己啓発の影響を見る際にはやはり個人の特性のコントロールが重要であろう様子が確認される．

次に自己啓発が産業，職業移動にどのような影響を及ぼしているかについて，PSM法による分析結果[16]を見ていく．ここでは (2.4) 式による階差に関するATTを見ていくが，ここではそれぞれの産業（職業）ダミーYについてt期と$t-1$期の比較だけでなく$t+1$期と$t-1$期との比較に関する分析も行っている．結果は表2.8に掲載した．

まず産業に関する分析結果のうちターゲット産業について見ると，通学はt期，$t+1$期ともにNearest Neighbor Matching, Kernel Matchingに共通して有意なプラスの値となっている．また$t+1$期との比較では，卒業もNearest Neighbor Matching, Kernel Matchingともにプラスとなる．学校に通ったり卒業するなどの自己啓発については，ターゲット産業への流入を促進させる効果があると考えられる．次に製造業について見ると，t期との比較において卒業がNearest Neighbor Matching, Kernel Matchingともに有意にマイナスとなり，自己啓発によって学校を卒業した者ほど製造業から別産業への移動が多いか，別産業から製造業への移動が少なくなっているなど，製造業への流入は少なくなっている様子が確認できる．また流通業について見ると，通学以外の自己啓発実施者がt期との比較において共通に有意なマイナスの結果を示し，通学以外の自己啓発実施者ほど流通業から他産業への移動が多いことや，他産業から流通業への流入が少なくなっている可能性が伺える．その他産業について見ると，通学以外の自己啓発実施者ほどt期との比較においてNearest Neighbor Matching, Kernel Matchingとも有意なプラスとなっている．通学以外の自己啓発は，流通業でマイナスの結果になっていた事を考えると，流通業からその他産業への移動を促進させていると考えられる．一方

---

[16] 本稿のPSM法による分析については，コントロールグループは全てにおいて自己啓発非実施者となっている．通学や卒業など自己啓発内容別の分析においても，トリートメントグループに関わる内容以外の自己啓発実施者はコントロールグループから除外されている．

表 2.8.A PSM 法による自己啓発の各産業移動に与える影響分析

Y：ターゲット産業就業ダミー

サンプル	t期 外部労働市場に参入（転職、新規就業者）								t期またはt+1期 外部労働市場に参入（転職、新規就業者）							
被説明変数	Y：ターゲット産業就業ダミー（t期、t-1期）								Y：ターゲット産業就業ダミー（t+1期、t-1期）							
分析方法	Nearest Neighbor Matching				Kernel Matching				Nearest Neighbor Matching				Kernel Matching			
	N:treat	N:contr	ATT	標準誤差	N:treat	N:contr	ATT	標準誤差	N:treat	N:contr	ATT	標準誤差	N:treat	N:contr	ATT	標準誤差
自己啓発を現在行っているまたは1年以内に行った（t期）	208	152	0.062	[0.049]	208	625	0.065	[0.056]	284	209	0.067	[0.04]*	284	908	0.075	[0.009]***
通学を現在行っているまたは1年以内に行った（t期）	58	52	0.155	[0.094]*	58	639	0.134	[0.02]***	90	77	0.144	[0.073]**	90	918	0.138	[0.004]***
通学以外を現在行っているまたは1年以内に行った（t期）	150	119	-0.007	[0.055]	150	591	0.035	[0.091]	194	161	0.031	[0.044]	194	901	0.039	[0.003]***
通学していた学校を卒業した（t期）	49	42	0.143	[0.11]	49	626	0.169	[0.089]*	61	54	0.197	[0.097]**	61	910	0.242	[0.002]***

Y：製造業就業ダミー

サンプル	t期 外部労働市場に参入（転職、新規就業者）								t期またはt+1期 外部労働市場に参入（転職、新規就業者）							
被説明変数	Y：製造業就業ダミー（t期、t-1期）								Y：製造業就業ダミー（t+1期、t-1期）							
分析方法	Nearest Neighbor Matching				Kernel Matching				Nearest Neighbor Matching				Kernel Matching			
	N:treat	N:contr	ATT	標準誤差	N:treat	N:contr	ATT	標準誤差	N:treat	N:contr	ATT	標準誤差	N:treat	N:contr	ATT	標準誤差
自己啓発を現在行っているまたは1年以内に行った（t期）	208	152	-0.034	[0.045]	208	625	-0.027	[0.037]	284	209	-0.014	[0.037]	284	908	-0.027	[0.023]
通学を現在行っているまたは1年以内に行った（t期）	58	52	0	[0.091]	58	639	-0.062	[0.011]***	90	77	-0.033	[0.065]	90	918	-0.016	[0.051]
通学以外を現在行っているまたは1年以内に行った（t期）	150	119	-0.033	[0.048]	150	591	-0.021	[0.056]	194	161	0	[0.04]	194	901	-0.033	[0.001]***
通学していた学校を卒業した（t期）	49	42	-0.163	[0.092]*	49	626	-0.057	[0.007]***	61	54	-0.016	[0.092]	61	910	-0.015	[0.048]

Y：サービス業就業ダミー

サンプル	t期 外部労働市場に参入（転職、新規就業者）								t期またはt+1期 外部労働市場に参入（転職、新規就業者）							
被説明変数	Y：サービス業就業ダミー（t期、t-1期）								Y：サービス業就業ダミー（t+1期、t-1期）							
分析方法	Nearest Neighbor Matching				Kernel Matching				Nearest Neighbor Matching				Kernel Matching			
	N:treat	N:contr	ATT	標準誤差	N:treat	N:contr	ATT	標準誤差	N:treat	N:contr	ATT	標準誤差	N:treat	N:contr	ATT	標準誤差
自己啓発を現在行っているまたは1年以内に行った（t期）	208	152	-0.019	[0.058]	208	625	-0.035	[0.042]	284	209	-0.021	[0.048]	284	908	-0.043	[0.013]***
通学を現在行っているまたは1年以内に行った（t期）	58	52	-0.086	[0.095]	58	639	-0.033	[0.016]**	90	77	0.056	[0.088]	90	918	-0.044	[0.017]***
通学以外を現在行っているまたは1年以内に行った（t期）	150	119	-0.013	[0.065]	150	591	-0.026	[0.017]	194	161	-0.062	[0.052]	194	901	-0.042	[0.014]***
通学していた学校を卒業した（t期）	49	42	-0.163	[0.121]	49	626	-0.062	[0.116]	61	54	-0.131	[0.092]	61	910	-0.053	[0.039]

Y：流通業就業ダミー

サンプル	t期 外部労働市場に参入（転職、新規就業者）								t期またはt+1期 外部労働市場に参入（転職、新規就業者）							
被説明変数	Y：流通業就業ダミー（t期、t-1期）								Y：流通業就業ダミー（t+1期、t-1期）							
分析方法	Nearest Neighbor Matching				Kernel Matching				Nearest Neighbor Matching				Kernel Matching			
	N:treat	N:contr	ATT	標準誤差	N:treat	N:contr	ATT	標準誤差	N:treat	N:contr	ATT	標準誤差	N:treat	N:contr	ATT	標準誤差
自己啓発を現在行っているまたは1年以内に行った（t期）	208	152	-0.097	[0.056]*	208	625	-0.067	[0.023]***	284	209	-0.077	[0.046]*	284	908	-0.035	[0.019]*
通学を現在行っているまたは1年以内に行った（t期）	58	52	0.069	[0.107]	58	639	0.07	[0.006]***	90	77	-0.1	[0.07]	90	918	0.018	[0.037]
通学以外を現在行っているまたは1年以内に行った（t期）	150	119	-0.133	[0.061]**	150	591	-0.109	[0.032]***	194	161	-0.041	[0.048]	194	901	-0.054	[0.014]***
通学していた学校を卒業した（t期）	49	42	0	[0.11]	49	626	-0.077	[0.038]	61	54	0.033	[0.095]	61	910	0.002	[0.013]***

Y：その他産業就業ダミー

サンプル	t期 外部労働市場に参入（転職、新規就業者）								t期またはt+1期 外部労働市場に参入（転職、新規就業者）							
被説明変数	Y：その他産業就業ダミー（t期、t-1期）								Y：その他産業就業ダミー（t+1期、t-1期）							
分析方法	Nearest Neighbor Matching				Kernel Matching				Nearest Neighbor Matching				Kernel Matching			
	N:treat	N:contr	ATT	標準誤差	N:treat	N:contr	ATT	標準誤差	N:treat	N:contr	ATT	標準誤差	N:treat	N:contr	ATT	標準誤差
自己啓発を現在行っているまたは1年以内に行った（t期）	208	152	0.087	[0.056]	208	625	0.064	[0.082]	284	209	0.046	[0.045]	284	908	0.031	[0.005]***
通学を現在行っているまたは1年以内に行った（t期）	58	52	-0.138	[0.086]	58	639	-0.11	[0.014]***	90	77	-0.067	[0.08]	90	918	-0.097	[0.007]***
通学以外を現在行っているまたは1年以内に行った（t期）	150	119	0.187	[0.061]**	150	591	0.121	[0.054]**	194	161	0.072	[0.052]	194	901	0.09	[0.015]*
通学していた学校を卒業した（t期）	49	42	0.184	[0.106]*	49	626	-0.073	[0.005]***	61	54	-0.082	[0.076]	61	910	-0.133	[0.028]***

注1：[ ] 内の値は標準誤差を表す．
注2：*** は1％水準，** は5％水準，* は10％水準で有意であることを示す．
注3：Kernel Matching の標準誤差はブートストラップ法を用いて算出している．施行回数は500回である．またバンド幅は0.06としている．

で卒業者も Nearest Neighbor Matching，Kernel Matching とも有意な結果が示されるが，その符合は Nearest Neighbor Matching ではプラスであり，Kernel Matching ではマイナスとなっている．金融や学習支援，情報通信業など特質の異なる複数の産業が「その他」に含まれていることと，卒業したサンプル数が少ないことから不安定な結果になってしまっている可能性がある．

第2章 社会人の学び直し支援は，成長分野への労働移動に繋がるか

表 2.8.B　PSM法による自己啓発の各職業移動に与える影響分析

サンプル	t期 外部労働市場に参入（転職、新規就業者）								t期またはt+1期 外部労働市場に参入（転職、新規就業者）							
被説明変数	Y:非定形分析ダミー (t期、t-1期)								Y:非定形分析ダミー (t+1期、t-1期)							
分析方法	Nearest Neighbor Matching				Kernel Matching				Nearest Neighbor Matching				Kernel Matching			
	N:treat	N:contr	ATT	標準誤差	N:treat	N:contr	ATT	標準誤差	N:treat	N:contr	ATT	標準誤差	N:treat	N:contr	ATT	標準誤差
自己啓発を現在行っているまたは1年内に行った(t期)	208	148	0.099	[0.042]**	208	625	0.129	[0.02]***	278	205	0.061	[0.038]	278	895	0.076	[0.009]***
通学を現在行っているまたは1年内に行った(t期)	58	52	0.106	[0.067]	58	639	0.131	[0.053]**	89	76	0.112	[0.063]*	89	904	0.082	[0.046]*
通学以外を現在行っているまたは1年内に行った(t期)	150	116	0.123	[0.048]**	150	591	0.122	[0.031]***	189	156	0.09	[0.043]**	189	887	0.047	[0.02]**
通学していた学校を卒業した(t期)	49	40	0.191	[0.075]**	49	626	0.13	[0.014]***	60	53	0.083	[0.078]	60	896	0.048	[0.002]***

サンプル	t期 外部労働市場に参入（転職、新規就業者）								t期またはt+1期 外部労働市場に参入（転職、新規就業者）							
被説明変数	Y:非定形相互ダミー (t期、t-1期)								Y:非定形相互ダミー (t+1期、t-1期)							
分析方法	Nearest Neighbor Matching				Kernel Matching				Nearest Neighbor Matching				Kernel Matching			
	N:treat	N:contr	ATT	標準誤差	N:treat	N:contr	ATT	標準誤差	N:treat	N:contr	ATT	標準誤差	N:treat	N:contr	ATT	標準誤差
自己啓発を現在行っているまたは1年内に行った(t期)	208	148	-0.04	[0.058]	208	625	-0.006	[0.013]	278	205	0.004	[0.044]	278	895	0.008	[0.029]
通学を現在行っているまたは1年内に行った(t期)	58	52	-0.036	[0.087]	58	639	-0.034	[0.019]*	89	76	0	[0.063]	89	904	-0.004	[0.071]
通学以外を現在行っているまたは1年内に行った(t期)	150	116	0.061	[0.057]	150	591	0.018	[0.013]	189	156	0.058	[0.053]	189	887	0.027	[0.025]
通学していた学校を卒業した(t期)	49	40	-0.17	[0.083]**	49	626	-0.087	[0.039]**	60	53	-0.033	[0.068]	60	896	-0.027	[0.054]

サンプル	t期 外部労働市場に参入（転職、新規就業者）								t期またはt+1期 外部労働市場に参入（転職、新規就業者）							
被説明変数	Y:定形認識ダミー (t期、t-1期)								Y:定形認識ダミー (t+1期、t-1期)							
分析方法	Nearest Neighbor Matching				Kernel Matching				Nearest Neighbor Matching				Kernel Matching			
	N:treat	N:contr	ATT	標準誤差	N:treat	N:contr	ATT	標準誤差	N:treat	N:contr	ATT	標準誤差	N:treat	N:contr	ATT	標準誤差
自己啓発を現在行っているまたは1年内に行った(t期)	208	148	-0.025	[0.053]	208	625	-0.011	[0.024]	278	205	-0.032	[0.044]	278	895	-0.031	[0.034]
通学を現在行っているまたは1年内に行った(t期)	58	52	-0.071	[0.094]	58	639	-0.072	[0.073]	89	76	-0.034	[0.07]	89	904	-0.063	[0.015]***
通学以外を現在行っているまたは1年内に行った(t期)	150	116	-0.04	[0.061]	150	591	0.004	[0.033]	189	156	0.026	[0.053]	189	887	-0.018	[0.033]
通学していた学校を卒業した(t期)	49	40	0.064	[0.107]	49	626	-0.041	[0.042]	60	53	-0.133	[0.086]	60	896	-0.057	[0.046]

サンプル	t期 外部労働市場に参入（転職、新規就業者）								t期またはt+1期 外部労働市場に参入（転職、新規就業者）							
被説明変数	Y:定形手仕事ダミー (t期、t-1期)								Y:定形手仕事ダミー (t+1期、t-1期)							
分析方法	Nearest Neighbor Matching				Kernel Matching				Nearest Neighbor Matching				Kernel Matching			
	N:treat	N:contr	ATT	標準誤差	N:treat	N:contr	ATT	標準誤差	N:treat	N:contr	ATT	標準誤差	N:treat	N:contr	ATT	標準誤差
自己啓発を現在行っているまたは1年内に行った(t期)	208	148	-0.02	[0.041]	208	625	-0.041	[0]***	278	205	-0.047	[0.036]	278	895	-0.035	[0.016]**
通学を現在行っているまたは1年内に行った(t期)	58	52	-0.07	[0.085]	58	639	-0.056	[0.086]	89	76	-0.112	[0.069]	89	904	-0.043	[0]***
通学以外を現在行っているまたは1年内に行った(t期)	150	116	-0.04	[0.05]	150	591	-0.032	[0.029]	189	156	-0.011	[0.037]	189	887	-0.025	[0.004]***
通学していた学校を卒業した(t期)	49	40	-0.04	[0.079]	49	626	-0.027	[0.031]	60	53	0	[0.098]	60	896	-0.04	[0.058]

サンプル	t期 外部労働市場に参入（転職、新規就業者）								t期またはt+1期 外部労働市場に参入（転職、新規就業者）							
被説明変数	Y:非定形手仕事ダミー (t期、t-1期)								Y:非定形手仕事ダミー (t+1期、t-1期)							
分析方法	Nearest Neighbor Matching				Kernel Matching				Nearest Neighbor Matching				Kernel Matching			
	N:treat	N:contr	ATT	標準誤差	N:treat	N:contr	ATT	標準誤差	N:treat	N:contr	ATT	標準誤差	N:treat	N:contr	ATT	標準誤差
自己啓発を現在行っているまたは1年内に行った(t期)	208	148	-0.015	[0.054]	208	625	-0.072	[0.045]	278	205	0.014	[0.048]	278	895	-0.017	[0.01]*
通学を現在行っているまたは1年内に行った(t期)	58	52	0.071	[0.094]	58	639	0.031	[0.089]	89	76	0.034	[0.079]	89	904	0.028	[0.077]
通学以外を現在行っているまたは1年内に行った(t期)	150	116	-0.103	[0.061]*	150	591	-0.112	[0.065]*	189	156	-0.111	[0.054]**	189	887	-0.031	[0.042]
通学していた学校を卒業した(t期)	49	40	0.105	[0.107]	49	626	0.024	[0.012]**	60	53	0.083	[0.108]	60	896	0.081	[0.093]

注1：[ ] 内の値は標準誤差を表す．
注2：*** は1％水準，** は5％水準，* は10％水準で有意であることを示す．
注3：Kemel Matchingの標準誤差はブートストラップ法を用いて算出している．
　　 施行回数は500回である．またバント幅は0.06としている．

続いて職業に関する分析結果のうち非定形分析について見ると，t期との比較では自己啓発全体や通学以外，卒業でNearest Neighbor Matching, Kernel Matchingともに有意なプラスの結果となっている．また通学以外では$t+1$期との比較においてもNearest Neighbor Matching, Kernel Matchingともに有意なプラスとなる．一方で，t期との比較では共通して有意な正値をとった

「卒業」が$t+1$期との比較ではKernel Matchingのみで有意な結果になり，反対にt期との比較ではKernel Matchingのみで有意であった「通学」が$t+1$期との比較では共通して有意になっている．一つの推測ではあるが，卒業が非定形分析業務への移動に与える影響は，卒業直後にのみ現れる短期的なものかもしれない．通学が$t+1$期でのみ共通な有意値を示していたのも，t期に通学していた者が$t+1$期に卒業したことによって$t+1$期における通学の影響が安定的になっていた可能性がある．反面通学以外の自己啓発ではt期も$t+1$期でも効果が見られる．通学以外の自己啓発のほうが，より持続的な効果が得られると考えられる．

また非定形相互については卒業がt期との比較において共通して有意にマイナス，非定形手仕事では通学以外がt期との比較において共通して有意にマイナスとなっている．プラスの影響が見られた職種と合わせて考えると，卒業者では非定形相互から非定形分析へ，通学以外の自己啓発実施者では非定形手仕事から非定形分析への移動が促進されている．今後需要が減少して行くと考えられる定型認識や定型手仕事については，どの自己啓発も共通して有意な結果を示すものはない．理想的にはこれら定型業務から非定形業務への移動に自己啓発が寄与していればよいのだが，本章の分析では非定型相互・手仕事から非定型分析への移動という方向性が見られた．ただし$t+1$期との比較に関するKernel Matchingの結果では通学実施者が定型認識でも定型手仕事でも有意なマイナスとなり，通学以外の自己啓発も定型手仕事ではマイナスとなるなど，安定的ではないものの定型業務からの移動を促進している様子も一部では確認される．

以上の結果をまとめるならば，自己啓発が産業，職業移動に及ぼす効果についても自己啓発の内容別に異なっている．具体的には，通学や卒業では実施者ほど製造業からターゲット産業への移動や，非定形相互から非定形分析への移動が多くなる．一方で，通学以外の自己啓発実施者は流通業からその他産業へ，非定形手仕事から非定形分析業務への移動を多くしている．おおむね今後伸び行く分野と考えられる，ターゲット産業や非定形分析においてどちらの自己啓発もプラスの影響を示しているのであり，通学も通学以外の自己啓発についても，その促進によって成長産業（職業）への労働移動を進

める期待は高い．またその中でも成長産業への移動に関しては通学や卒業など学校に関する自己啓発が効果を発揮することが予想される．

2.4.3 分析の拡張

先の分析においてはターゲット産業や非定型分析業務が産業（職業）移動者の行き着く移動先であることが確認された．このターゲット産業や非定型分析業務は労働需要が高まっているとの指摘もあり，これら分野への移動者は賃金が高まっている可能性が考えられる．そこで各産業（職業）への移動別に，賃金の変化に関する傾向を見ていきたい．以下の表 2.9 では転職者について，転職前後の産業（職業）ごとに，転職前後の賃金差[17]の平均を集計したものである．

表 2.9 を見ると，転職年との差についてはほとんどのセルでマイナスとなっており，企業特殊的スキルのロスの影響が伺える．しかし，サービス業・流通業からターゲット産業への移動者はプラスとなり，別職種から定型認識への移動者もプラスとなっている．転職年 1 年後との賃金差を見ると，やはりサービス業や流通業からターゲット産業への移動者はプラスとなるが，製造業やその他産業からターゲット産業への移動ではマイナスのままである．またターゲット産業から複数の他産業への移動者でプラスとなっており，ターゲット産業へ労働移動をしたとしても短期的には賃金が高まらない様子が伺える．また職種については，非定型手仕事から非定型分析への移動者でプラスとなるが，非定型相互や定型認識，定型手仕事ではマイナスとなる．また非定型分析から他職種への移動者もすべてプラスとなり，非定型分析業務への移動者も賃金が必ずしも高まらず，むしろ非定型分析から移動した者の賃金が高まっている．

ただし，このような単純集計だけでは，正規から非正規への移動など雇用形態の変化要因などがコントロールされていないため，ターゲット産業や非

---

[17] 賃金は KHPS から直接は確認できないため（仕事からの年収額）÷（週労実働時間×4×12）で計算した．なお調査票を見ると，t 期調査で聞かれている値は，昨年（$t-1$ 期）に関する額や時間が聞かれているため，転職前後の賃金差は，$t+1$ 期（$t+2$ 期）調査の回答データから t 期調査の回答データとの差を用いている．

表 2.9
各産業, 職業移動ごとの転職前後賃金変化 (転職年, 転職年 1 年後と転職前の差)

賃金差(転職年-転職前)		t期転職者					N
		t期の産業					
		ターゲット産業(医療、資源、インフラ、食糧など)	製造業	サービス業(飲食宿泊、その他サービス)	流通業(卸・小売、運輸)	その他産業	人数
t-1期の産業	ターゲット産業(医療、資源、インフラ、食糧など)	-187.9	327.4	911.1	-547.8	-91.1	93
	製造業	-902.2	-307.3	-322.8	499.1	46.2	56
	サービス業(飲食宿泊、その他サービス)	298.8	-1,086.9	-105.5	-774.0	296.5	148
	流通業(卸・小売、運輸)	130.2	414.6	258.7	-153.0	1,847.2	109
	その他産業	-791.8	975.1	-389.6	67.4	-1.8	84
	計	-149.5	-277.3	-64.8	-208.3	138.9	490

賃金差(転職年-転職前)		t期転職者					N
		t期の職業					
		非定形分析	非定形相互	定型認識	定型手仕事	非定形手仕事	人数
t-1期の職業	非定形分析	-244.8	-415.9	766.5	-197.3	666.2	71
	非定形相互	-264.5	90.3	426.9	1,407.6	-49.8	99
	定型認識	-427.9	-270.5	-192.6	304.6	-5.9	91
	定型手仕事	-412.9	-296.7	541.2	-59.6	834.3	83
	非定形手仕事	-145.0	210.4	436.5	-1,522.6	-227.4	139
	計	-252.2	28.2	17.4	-140.9	-101.0	483

賃金差(転職年+1年後-転職前)		t期転職者					N
		t期の産業					
		ターゲット産業(医療、資源、インフラ、食糧など)	製造業	サービス業(飲食宿泊、その他サービス)	流通業(卸・小売、運輸)	その他産業	人数
t-1期の産業	ターゲット産業(医療、資源、インフラ、食糧など)	129.9	394.7	460.1	248.5	-452.4	80
	製造業	-671.0	-148.1	81.7	209.6	-213.6	54
	サービス業(飲食宿泊、その他サービス)	479.3	-485.6	-57.0	-819.7	-148.9	113
	流通業(卸・小売、運輸)	141.1	-8.0	347.5	174.1	273.5	86
	その他産業	-1,552.3	505.2	-51.8	1,214.4	-172.8	63
	計	79.2	-135.3	11.6	96.7	-151.8	396

賃金差(転職年+1年後-転職前)		t期転職者					N
		t期の職業					
		非定形分析	非定形相互	定型認識	定型手仕事	非定形手仕事	人数
t-1期の職業	非定形分析	78.2	104.0	714.4	41.2	366.1	71
	非定形相互	-96.4	-236.1	239.3	34.7	616.4	99
	定型認識	-584.5	-1,367.5	-125.7	3,162.9	652.7	91
	定型手仕事	-6.0	-74.4	2,289.5	-107.1	-597.5	83
	非定形手仕事	405.4	259.5	851.5	1,080.8	-56.6	139
	計	70.2	-251.9	148.9	105.6	19.8	483

定型分析へ移動しても賃金が高まらないと結論付けることはできない. 各セルに移動した者の雇用形態の変化や個人属性の変化などもコントロールする必要がある. そこで転職者の転職前後の賃金差について, 以下 (2.5) 式に基

づく賃金に関する階差推計を行う．

$$y_{it} - y_{it-1} = (x_{it} - x_{it-1})\beta + u_{it} - u_{it-1} \tag{2.5}$$

yは転職者iの各時点の賃金であり，xは各時点の産業，職業，雇用形態やその他の個人属性を用いる．また転職年1年後との差についてもみるため，被説明変数のみについてy_{it}をy_{it+1}に置き換えた場合の推計も行う．また同様に賃金だけではなく，調査でそのまま聞かれデータ加工の必要のない年収額についても分析を行う．

結果は表2.10に掲載した．賃金差に関する推計結果を見ると，どの産業ダミーも職業ダミーも統計的に有意な結果は見られない．しかし年収に関する影響を見ると，ターゲット産業ダミーの階差は転職年の年収階差について有意なマイナスとなっている．しかし，転職年1年後との階差については有意ではなくなっており，マイナス効果は見られなくなっている．また，非定型手仕事ダミーの階差は転職年では有意でないが，その1年後の年収階差について有意なマイナスの結果が示される．他分野から非定型手仕事への転職者は，転職直後の年収は違いがないものの，近い将来では下がりやすくなってしまうという不自然な結果である．非定形手仕事への転職者は，パートへの転換など賃金以外の側面を目的とした転職者が多くなっている可能性が疑われる．

2.5　本章のむすび

本章では日本における産業や職業移動の状況についてパネルデータを用いた確認を行うとともに，自己啓発の実施によって，今後の成長が見込まれる産業や職業への労働移動が促進されているかどうかについてもパネルデータによる分析を行った．分析の結果見えてきたことは大きく以下の二つである．

第一には，日本においても産業，職業移動が発生するのは外部労働市場が中心であるが，内部労働市場の移動率も産業で10%弱，職業で約15%程度はある．また全体的に産業移動については年々減少傾向であった．外部労働市場についてみると，同分野内で移動する者が多数を占めるが，一部の産業

表 2.10　転職前後の賃金に関する階差推計結果

	被説明変数	転職年賃金－転職前賃金			転職年1年後賃金－転職前賃金			転職年年収－転職前年収			転職年1年後年収－転職前年収		
	サンプル	t期転職者						t期転職者					
	モデル	OLS						OLS					
	説明変数	係数/標準誤差						係数/標準誤差					
	労働時間階差	–	–	–	–	–	–	0.739	0.857	0.791	0.944	1.227	1.17
		–	–	–	–	–	–	[0.281]***	[0.294]***	[0.298]***	[0.403]**	[0.431]***	[0.441]***
	都道府県別求人倍率の階差	9.483	−16.708	−29.965	745.251	479.747	468.815	22.869	17.824	20.558	58.319	67.239	71.168
		[653.160]	[687.240]	[695.794]	[876.005]	[906.257]	[915.531]	[38.512]	[40.964]	[41.254]	[49.737]	[53.529]	[54.065]
個人属性	正規ダミー階差	−18.737	15.543	3.138	−37.837	76.967	49.763	16.72	16.047	17.815	13.014	11.476	12.762
		[157.772]	[160.955]	[164.256]	[229.980]	[232.365]	[236.917]	[9.302]*	[9.592]*	[9.736]*	[13.053]	[13.717]	[13.978]
産業ダミー（ベース:その他）	ﾀｰｹﾞｯﾄ産業（医療、資源、ｲﾝﾌﾗ、食糧など）階差	−171.732	–	−44.073	−18.584	–	−4.231	−32.776	–	−31.135	−4.174	–	9.185
		[242.970]	–	[257.841]	[370.487]	–	[392.867]	[14.333]**	–	[15.311]**	[21.061]	–	[23.244]
	製造業階差	−146.96	–	66.185	229.059	–	348.945	−21.334	–	−9.048	22.541	–	39.954
		[265.073]	–	[304.764]	[409.399]	–	[475.662]	[15.631]	–	[18.068]	[23.281]	–	[28.140]
	ｻｰﾋﾞｽ業（飲食宿泊、その他ｻｰﾋﾞｽ）階差	−105.335	–	−68.502	−208.188	–	−276.795	−16.014	–	−10.51	7.179	–	20.087
		[212.967]	–	[241.229]	[326.678]	–	[365.272]	[12.566]	–	[14.299]	[18.546]	–	[21.550]
	流通業（卸・小売、運輸）階差	−218.832	–	−163.04	−61.045	–	−45.666	−14.64	–	−7.431	10.356	–	11.558
		[232.339]	–	[248.634]	[342.943]	–	[364.712]	[13.750]	–	[14.771]	[19.529]	–	[21.568]
職種（ベース:非定型相互）	非定形分析階差	–	−203.033	−244.183	–	179.702	155.71	–	6.982	15.468	–	−35.757	−38.461
		–	[277.480]	[293.218]	–	[401.829]	[425.771]	–	[16.537]	[17.398]	–	[23.720]	[25.132]
	定型認識階差	–	−80.501	−124.986	–	77.65	65.13	–	4.423	7.517	–	−29.154	−30.694
		–	[245.154]	[256.372]	–	[368.643]	[379.977]	–	[14.612]	[15.209]	–	[21.780]	[22.464]
	定型手仕事階差	–	−315.974	−422.932	–	53.442	−91.543	–	0.543	2.224	–	−13.985	−28.843
		–	[266.318]	[309.532]	–	[373.350]	[438.455]	–	[15.871]	[18.347]	–	[22.062]	[25.873]
	非定形手仕事階差	–	−138.265	−165.908	–	−52.333	86.26	–	−5.374	−3.238	–	−35.231	−41.477
		–	[221.836]	[252.211]	–	[323.477]	[366.600]	–	[13.225]	[14.962]	–	[19.111]*	[21.672]*
	定数項	107.689	141.48	131.805	177.416	776.014	787.689	45.608	44.077	44.665	48.845	25.926	32.101
		[258.795]	[260.619]	[263.416]	[361.145]	[386.688]**	[395.187]**	[15.262]***	[15.532]***	[15.613]***	[20.508]**	[22.826]	[23.317]
	配偶者有ダミー階差	Yes	Yes	Yes	Yes	Yes	Yes	Yes	Yes	Yes	Yes	Yes	Yes
	子供ありダミー階差	Yes	Yes	Yes	Yes	Yes	Yes	Yes	Yes	Yes	Yes	Yes	Yes
	調査年ダミー	Yes	Yes	Yes	Yes	Yes	Yes	Yes	Yes	Yes	Yes	Yes	Yes
	サンプルサイズ	450	415	411	349	318	316	450	415	411	349	318	316

注1：[ ] 内の値は標準誤差を表す．
注2：*** は1％水準，** は5％水準，* は10％水準で有意であることを示す．

や職業では異なる分野への移動も一定程度確認され，流通業や定形手仕事職からサービス業や非定形分析への移動は相対的に大きい様子が見られた．しかし内部労働市場における移動者は定型手仕事職へ移る者も多く，拡大していく職業分野への移動とはなっていなかった．

　第二には，自己啓発の中でも通学や卒業が製造業からターゲット産業への移動や，非定形相互から非定形分析への移動を促進させていた．また通学以外の自己啓発実施者は流通業からその他産業へ，非定形手仕事から非定形分析業務への移動を多くしていた．ターゲット産業への移動や非定型分析業務への移動を促進させるなど，自己啓発には今後伸び行く分野への移動に一定の効果を持つと考えられる．なお，通学や卒業はターゲット産業への移動に，通学以外の自己啓発は非定型分析への移動に持続的な効果を持つなど，それぞれの内容ごとに利点が異なっていた．

　これら分析結果を考えると，このたびの日本再興戦略や産業競争力会議で示されたような戦略を推し進める具体的方法の一部は，支持されるべきものといえるのではないか．本章の分析では，内部労働市場よりも外部労働市場のほうが，需要が伸びる非定型分析業務への移動促進や需要が減る定型手仕事業務への移動の抑制などが期待できる結果である．停滞する分野から成長分野への労働移動という点に着目すれば，「行き過ぎた雇用維持型から労働移動支援型への政策転換」は，肯定できるといえるのではないか．また自己啓発の実施はターゲット産業への移動や非定型分析業務への移動に効果が見られ，「職業訓練の拡充，社会人の学び直し支援」についても成長産業，職業への移動に効果があるのではないかと考えられる．ただしこのような成長分野への移動によって賃金や年収が高まるかどうかは，本章の分析からは不明確であった．本章の産業（職業）分類が非常に大まかなものであったことや，分析対象を外部労働移動者に限ったことによってサンプルセレクションバイアスが影響していることも考えられる．ただ，もし成長分野への移動によっても賃金や年収の増加など労働者にとって魅力的な結果が得られないなら，そのような方向への労働移動は供給要因によって阻害されてしまう．成長分野における労働需要の高まりが，賃金に速やかに反映されるような市場整備が求められる．

第3章

介護報酬の引上げは介護労働者の確保に繋がっているのか？

3.1 問題の所在

　本章では2009年度の介護報酬の引上げが介護職従事者の賃金にどのような影響を与えたか，また介護職への労働参加に賃金がどのような影響を与えているかについて計量分析を行い，2009〜2014年度までの介護報酬引上げ政策の意義について検討していく．

　介護報酬とは，厚生労働省のHPによれば，「事業者が利用者に介護サービスを提供した場合に，その対価として事業者に支払われるサービス費用」をいう（http://www.mhlw.go.jp/topics/kaigo/housyu/housyu.html）．この介護報酬は介護保険法上の手続きによって定められ，三年ごとに時々の市場状況に合わせた改定が行われている．その改定推移をみると，2003年改定では全体で2.3％の引き下げ，2006年改定では2.4％の引き下げとなったが，2009年改定では3.0％，2012年改定では1.2％の引き上げとなり，状況が一転した．この背景には深刻な介護労働力不足の問題が影響している．特に2009年，介護報酬3%増の目的の中心は，勤務条件に比して賃金水準が低く人材が定着しないことや人材確保が進まないことへの対処であった．しかし本政策の狙い通り，介護報酬の増加によって介護労働者の処遇を改善し，人材確保や流出阻止を図るという目的が果たされたかどうかについては，引上げ後約5年が経過した時点でも詳しい検証がなされないなか，一転した引き下げが実施される．

　介護報酬の改定に関連する先行研究では，山田・石井（2009）によって2003年と2006年の介護報酬の引き下げが介護職従事者の大幅な賃金低下に繋がったことが分析によって明らかにされているが，2009年以降の引き上

げと介護従事者の賃金との関係性については筆者の知る限りいまだ研究は見られない．山田・石井（2009）の知見によれば，反対に介護報酬の引き上げがなされたのであれば，介護従事者の賃金上昇がもたらされているであろうと予想されるが，マクロの公的統計を見る限りではそのような様子は見られない．図3.1では賃金構造基本統計調査の介護産業，介護職の収入指標や介護労働実態調査の介護職従事者の賃金額，福祉人材センター・バンクの介護職求人に関する月給・時給の推移を掲載したものである．図3.1左図を見ると，介護職（ヘルパー以外）の求人時給については2009年を境に若干の微増傾向が見られるが，2008年の水準とそれほどは変わらない．またホームヘルパーの求人時給は人材不足の影響からか2009年以前からも高まっているし，求人ではなく労働者の平均時給については2009年以降変化が見られない．図3.1右図の月給，年収についても介護報酬引上げ時を境に変化が見られるというよりも，2010年に求人月給が減少するなどリーマン・ショックの影響や介護人材不足の高まりなど市況の影響が強そうである．

また仮に介護報酬の引上によって介護職従事者の賃金が高まっていたとしても，介護職従事者の定着率はそれほど高まらない可能性もある．というのも，花岡（2009）や岸田・谷垣（2013）の研究によれば，介護職の他職種に比べた相対賃金が高まったとしても，介護職従事者の離職や介護職から他職種への離脱意向を下げる影響はみられないという．それよりもむしろ研修・教育や健康管理などのマネジメントの充実が労働者の引き止めに繋がるという．2009年の介護報酬の改定によって介護職従事者の賃金が高まっても，それが労働力の定着に繋がらないのであれば，改定目的の一つである介護分野の「人材流出阻止」は果たされない．その一方で，介護労働力確保のもうひとつの手段である新規の「人材獲得」については研究蓄積がなくどのような影響が期待できるかは分かっていない．

そこで本章では具体的に大きく二つの分析を行う．第一に，2009年の介護報酬の引上が介護職従事者の賃金を高めたかどうかを確認するため，パネルデータを用いた計量分析を行う．第二に，介護職の賃金の増加によって，介護労働分野の人材獲得が図られるかどうかを確認するために，人材サービス企業の業務データを用いて介護求人の提示賃金と応募者獲得の関係を分析

第3章　介護報酬の引上げは介護労働者の確保に繋がっているのか？

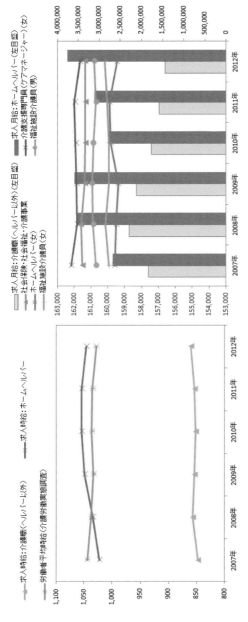

図 3.1　介護職従事者の時間当たり賃金（右図）と月給、年収（左図）の推移

する．つまり，介護職求人の賃金が高まった場合に，当該求人への求職者応募が促進されているかどうかについて分析を行う．

本章の構成は以下のとおりである．続く 3.2 節では介護報酬の引上の賃金への影響や，介護職求人の賃金が求職者の応募行動に与える影響を先行研究や理論研究に基づき検討し，本章で行う分析に関する仮説を提示する．3.3 節では本章の分析に用いるデータについて述べ，3.4 節では具体的な分析手続きを示すとともに，基本的な集計により分析に用いるデータの概要や特徴を把握する．3.5 節，3.6 節では分析から得られた結果について述べる．最後の 3.7 節で本研究の結論を導くとともに介護分野の労働力確保に関する政策的な含意を検討したい．

3.2 介護報酬引上げの賃金への影響や提示賃金の応募への影響仮説

3.2.1 介護報酬の変更と賃金への影響

基本的な労働経済学の理論によれば，企業の利潤関数より労働者の賃金と価格，労働の限界生産性について以下のような関係性が導かれる[18]．

$$\frac{\partial \Pi}{\partial L} = P\frac{\partial f(\bar{K},L)}{\partial L} - w = 0$$
$$w = P\frac{\partial f(\bar{K},L)}{\partial L} \quad (3.1)$$

上記の (3.1) 式から最適な雇用量における賃金は，労働の限界生産性と価格との積として示され需要が固定されているならば価格や限界生産性が高まれば，賃金も高まることが予測される．上述した介護報酬の定義を考えれば，介護サービス産業における価格 P は介護報酬の金額とみなすことができ，介護報酬の改定によって介護報酬金額が上昇，減少すれば介護職従事者の賃金

---

[18] 企業の利益を Π とする．資本と労働から商品が $f(\bar{K},L)$ だけ生産され，資本は固定と仮定する．商品が価格 P で提供されると，企業の利益は価格と生産量の積である収益 $Pf(\bar{K},L)$ から，賃金 w と労働量の積であるコスト wL を減じたものと表せる．本仮定の下，利益関数 $\Pi = Pf(\bar{K},L) - wL$ を想定している．

もそれに応じて上昇，減少すると思われる．

　ただし介護サービス市場にとっては，法律によって様々な制約が課されており，3.0％の介護報酬の引上げによって価格が高まったとはいえ単純に賃金増に繋がるかどうかは分からない．塩路（2013）は医療・保険産業では価格調整機能が制限されているため需要の高まりに応じたサービス価格の上昇が発生しておらず，賃金も低いままであるため十分な労働力が確保できていないことを指摘している．

　以下介護サービス市場に影響を与える法規定を考える．まず介護サービスの価格は需給状況で適宜調整はなされず，介護報酬制度の改定により3年おきに決まる．またサービス需要も法規定の影響をうけ，価格によって需要量があまり左右されないことが予想される．費用の約9割が保険によって支払われているためか，塩路（2013）では地域による価格の違いでも需要があまり左右されていないことが明らかにされている．さらにサービス供給量も法律によって強く規定される．「指定居宅介護支援等の事業の人員及び運営に関する基準第5条」や「指定居宅サービス等の事業の人員，設備及び運営に関する基準第9条や179条」は，正当な理由なきサービス提供の拒否を禁止しており，特に居宅介護サービス事業所の判断によって供給量の減少調整をすることは難しい状況となっている．つまり（3.1）式が導かれる前提には，企業は自社利益の最大化のために供給量を調整できるという仮定が置かれているわけであるが，その前提が現在の介護事業経営の現場では当てはまらない．

　下野（2009）によれば，訪問介護施設の約半数の事業所が2000年4月以降継続的に赤字を続けていたことが指摘されているが[19]，この背景にも事業者が供給量を自由に決められないという事情が理由のひとつとして考えられる．というのも，サービス提供の拒否に関する正当な理由に，事業所の経営の合理化に関する理由は含まれない．たとえ追加的なサービス提供が当該事

---

[19] 赤字体質は介護サービス事業全体的な問題となっており，下野（2009）によると，介護報酬引き上げ前の2008年時には，介護老人福祉施設の25％，介護老人保健施設の15％，介護療養型医療施設の35％もが赤字経営となっていたことが指摘されている．

業所にとっては最適点から外れるものであったとしても，また赤字が蓄積されるような追加的供給であったとしても，事業所は追加的なサービス供給を断れない．さらに，介護報酬はケアマネージャー一人当たりの担当件数が40件を超えると，減額される「逓減制」が採られており，人材確保が難しい中でサービス供給が増えると，コストとの逆転現象が発生しやすい制度になっている[20]．後に示す表3.5では，厳しい経営環境のために労働条件の改善を実施できない事業所も少なくないことがわかるが，2009年の3.0％という介護報酬引上げ幅では，厳しい経営状況を改善し恩恵を労働者へ行き渡らせるために十分なインパクトを持っていなかったと考えることもできる．

ただし介護職従事者の賃金は都度の景気や労働市場の状況，介護従事者の人的資本など介護報酬以外に様々な要因によっても影響される．介護報酬の引上げが賃金も引き上げる効果を有していたとしても，マクロ統計で介護職従事者の賃金が高まっていないように見えたのは，多くの離職者と新規入職者によって2009年以降の介護職従事者の勤続年数が短くなっていたことを反映しているだけである可能性がある．または介護サービスの求人が減少するなど，労働市場の状況によって介護職従事者の賃金増が明確に見られなかった可能性もある．そこで介護労働実態調査より介護職従事者の経験年数の推移と福祉人材センター・バンクより介護職従事者（介護職＋ホームヘルパー）の有効求人倍率の推移を図3.2に示した．

図3.2のうち有効求人倍率の推移をみると，2009年と2010年が大きく落ち込んでおり，リーマン・ショックによる影響なのか介護労働市場の雇用環境も悪化していた可能性が伺える[21]．一方で経験年数の推移をみると，職種経験年数も企業勤続年数も上昇傾向であるといえよう．2009年と2010年の

---

[20] ちなみに，「社保審-介護給付費分科会，第83回（H23.10.31）資料4」では介護利用者がケアマネージャー一人当たり20〜30人である事業所ほど黒字事業所が多いことが示されている．

[21] この期間においても介護サービス利用者数は上昇を続けている．介護サービス産業はマクロの不況のショックを受けにくいと考えられ，むしろリーマン・ショック時は他産業からの優秀な求職者を採用しやすい時期であったかもしれない．但し，介護サービス産業についても他産業と兼業している業者も少なくない．他事業の負のショックが介護サービス事業の採用減をもたらすという可能性は否定できない．

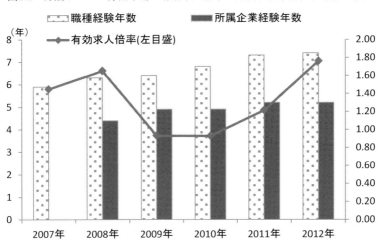

図3.2 介護サービス労働市場の有効求人倍率と介護職従事者経験年数の推移

注：有効求人倍率は福祉人材センター・バンク職業紹介実績報告の介護職，ホームヘルパーの数値より経験年数は介護労働実態調査労働者調査より筆者集計．但し07年の所属企業経験年数については公表されている範囲においては確認できなかった．

時期にも企業勤続年数は減少せず，職種経験年数については同時期も上昇を続けている．介護報酬引上げの前後においては，介護労働分野の企業特殊的技能の減少は見られず，職種特殊的技能については高まっているといえるのではないだろうか．

このような市況や人的資本の状況を考えると，マクロ統計の介護職従事者の賃金が高まっていないように見えたのは，労働市場の需給状況が悪化した影響は疑われるが，経験の少ない介護従事者が増えたという理由は考えにくい．しかし，介護職の求人倍率は2010年以降に急激に回復し，2012年は2008年と同水準に達しているにも係わらず，また人的資本や介護報酬は2008年水準よりも高いのであるが，賃金は2008年より高まっているように見えない．介護従事者の賃金増には，介護報酬引上げも，人的資本の蓄積も労働市場の需給状況の改善もあまり影響しない疑いが残される．そこで本章の分析の第一として，各期の景気や介護職やその他職種の労働市場の状況，ならびに労働者の経験や学歴など人的資本に関する変数を加えたうえで，

サービス価格に関わる介護報酬改定が介護従事者の賃金にどのような影響を与えたかについて計量分析を行っていく．

3.2.2 　介護職への労働力流入と介護職賃金との関係

次に仮に介護報酬の引上げが介護従事者の賃金になんらかの影響を及ぼしていたならば，この引上げ策は介護分野への労働力確保にどのような影響を与えていたであろうか．これについてはサーチ理論からその結果に関する簡単な予測をすることができる．

サーチ理論によれば，労働者は現在の就業状態から得られる期待価値よりも新たな就業機会によって得られる期待価値がより大きい場合には転職や新規就業を決断すると考えられる．つまり新たな就業機会との遭遇確率が一定であるならば，現職の賃金が高いほど離転職は発生しにくく，反対に外部機会の賃金が高いほど離転職が発生しやすくなる．もし介護報酬の引上げによって介護職の賃金が他職種に比べ相対的に高まっていたとしたら，介護職従事者の介護職への定着や，多職種から介護職への流入が予想される．

介護職の賃金増が介護労働力の流出阻止に働くかどうかについては，花岡（2009）や岸田・谷垣（2013）など複数の研究がすでに蓄積されている．これら研究では，介護職の他職種に比べた相対賃金が介護職従事者の離職意思決定に影響を及ぼしているかどうかが分析されている．分析の結果，介護職の相対賃金は離職や介護職種からの離脱意向に影響を及ぼしていないことが共通して明らかにされ[22]，また介護職からの離脱は介護報酬引上げ後の2010年度時点でも多いことが北浦（2013）で指摘されており，サーチ理論の予測とは異なる状況である．このように介護職からの流出と賃金との関係に関する研究が複数蓄積される一方で，介護職賃金の増加が他職種から介護職への流入に影響を及ぼすかどうかについては，いまだ詳細な分析はなされていない．そこで本章では分析の第二として，パネルデータを用い介護報酬引上げ後の介護職からの離脱や介護職への流入状況を確認するとともに，人材サー

---

[22] 花岡（2009）や岸田・谷垣（2013）では，介護職従事者の離職や他職種への流出防止については，賃金のような金銭的対応よりも従業員教育や労務管理の充実が効果的であることが確認され，マネジメントの重要性が指摘されている．

ビス企業の求人データとその求人への応募状況に関する業務データを用いて，介護職求人の賃金増が新規労働力獲得に繋がるかどうかについて計量的な分析を行う．なおその際には先行研究の知見を考慮し，賃金以外の側面であるマネジメントに関する情報や福利厚生に関する情報など，非金銭的な要因についても検討したい．

3.3　本章の分析に用いるデータ

本章で分析に使用したデータは大きく二つのデータセットである．第一の分析課題である，2009 年の介護報酬引上げによる介護従事者の賃金への影響分析や職種移動への影響分析に際しては，東大社研壮年・若年パネル調査（以下東大パネル）のデータ[23]を使用する．この調査は，2007 年度に 20～40 歳であった者について 2007 年以降同一個人に毎年行われているパネル調査である．各年の調査が 1～3 月に実施されているため，介護報酬引き上げ後に関する情報は 2010 年調査データのみとなるものの，各期の景気変数や介護サービス需要の状況や労働市場の状況，労働者の人的資本の情報をコントロールしつつ，分析を行っていく．

次に，介護求人の提示賃金が求職者の応募確率に与える影響については，株式会社ビースタイル（http://www.bstylegroup.co.jp/）によって運営されている，「しゅふ JOB サーチ」の求人データならびに求人への応募状況履歴に関する実務データを用いる．「しゅふ JOB サーチ」は，既婚女性など家庭と仕事との両立を支援する理念のもとに運営されている女性の再就職に特化したWEB 求人広告サービスである．そのため，利用者は家庭を持つ女性が多く，求人もそのような労働者層をターゲットにしたものが中心であり，全国的な求人層と比べ，一部の層に偏ったものであることには注意を要する．ただし求人に関する母集団を把握するためにはハローワークや各求人広告，職業紹介会社に登録された求人情報を統合した統計情報が必要になるため，現在の

---

[23] 二次分析にあたり，東京大学社会科学研究所附属社会調査・データアーカイブ研究センター SSJ データアーカイブから「東大社研壮年・若年パネル調査（寄託者：東京大学社会科学研究所パネル調査プロジェクト）」の個票データの提供を受けましたことを感謝いたします．

日本で求人の母集団を反映した個票データを得る方法はない．そこで本章では求人や求人への応募履歴データが蓄積された業務データの中でも，介護求人と介護以外の求人の応募状況の比較が可能である「しゅふJOBサーチ」の業務データを分析に用いることとした．この「しゅふJOBサーチ」のデータセットは，下野（2009）に言及される介護労働力の中心的な担い手として期待される中年齢層の女性労働力を求める求人を多く含んでいる．また「しゅふJOBサーチ」の料金徴収は採用が確定した際のみに発生する成功報酬型であり，成功報酬料金も約3～6万円と低額である．離職が多く発生する介護人材の採用は比較的予算のかからない方法で行われやすいという声も聞かれ，低料金という特徴からも「しゅふJOBサーチ」のデータを本章の分析に用いる意義はあろう．ただし具体的に「しゅふJOBサーチ」のデータ特徴とその他の求人チャネルのデータ特徴とを比較し，どのような違いがあるかを確認することは重要である．後の3.4節では分析に用いるデータの概要を基本集計によって見ていくが，その際にはハローワークやその他の求人チャネルとの特徴の違いについても確認していきたい．

なお，本章の分析に用いる業務データの抽出時点は2013年2月であり，2010年のサービス開始から2013年2月半ばまでに蓄積されたデータセットとなる．また本来は同ポジションの求人であっても重複登録がなされている場合もあるため，2カ月以内[24]に同内容の求人が掲載されている場合は重複登録として一件にまとめてデータをクリーニングした．同様に2カ月以内に同内容（生年月日かつ性別かつ居住都道府県かつ経験職種が同じ場合）の求職者が登録されている場合は一名の求職者としてまとめた．なお重複の場合は登録時点の古いデータを残している．

3.4 具体的な分析手続き

3.4.1 介護報酬の引上げが介護職従事者の賃金に与えた影響

ここでは3.2節で触れたように，景気環境や労働力需給，介護サービスの

---

[24] 株式会社ビースタイルと協議を行い，実際の求人は2カ月以内に結果が出ることが多いということから，ハローワークの有効求人の基準でもある2カ月を重複登録の選定基準とした．

第3章　介護報酬の引上げは介護労働者の確保に繋がっているのか？

需要変化や雇用者の人的資本をコントロールしつつ介護報酬引上げの影響を分析するため，山田・石井（2009）のモデルに倣い[25]，以下（3.2）式に基づくDifference In Difference 分析を行う[26]．

$$\ln w_{it} = A_1 X_{it} + A_2 D_{it} + A_3 S + A_4 S D_{it} + A_5 E_{it} + u_i + e_{it} \tag{3.2}$$

上記の（3.2）式の左辺は時間当たり賃金の対数[27]である．説明変数の X_{it} はサンプルの人的資本の変数や個人属性である．具体的には，勤続年数やその二乗項，大卒大学院卒ダミー，中学時点の成績（1: 上の方〜5: 下の方），男性ダミー，就業形態ダミー，年齢を用いる．また E_{it} は市場環境変数であり福祉人材センター・バンクより介護分野の有効求人倍率，および職業紹介事業報告よりハローワークの全体の有効労働求人倍率，また厚生労働省「介護保険事業状況報告」より各年の要介護（要支援）認定者数（万人）を用い，労働市場の状況や介護サービスの需要量をコントロールする．次に D_{it} は介護職に就いていることを示す職種ダミー変数，S は介護報酬の引上げ後の時点を示すダミー変数とし，その交差項を SD_{it} とする．複数要因をコントロールした介護報酬の引上げの賃金への影響は SD_{it} のパラメータ A_4 を見ることで解釈していく．なお，（3.2）式の推計では通常の OLS に加え無業者の賃金が観

---

[25] 山田・石井（2009）では介護職の中でもさらに職種区分が細かく分類され，交差項が作成されているが，本章で用いるデータからはそのような細かな分類は把握できない．

[26] 本来であれば3.2.1項で見たように，介護事業所の経営状況に関する変数も用い，経営の苦しい事業所とそうではない事業所の介護職従事者の賃金への影響の違いも検討をすべきであるが，筆者の身分ではそのような Employee-Employer マッチングデータを分析に用いることはできなかった．但し，東大パネルの職場に関する質問からは「今後1年間に失業（倒産）をする可能性があるか」という順序カテゴリ変数が得られ，こちらと介護職ダミーや介護報酬引上げ後ダミーとの交差項を用いた分析も行ったが，新たな交差項変数が有意な結果になることはなく，他の変数の分析結果も変わることはなかった．

[27] 東大パネルでは2008年調査より時給，日給，月給などといった収入形態とその金額が聞かれており，別途1日当たり，月当たりの労働時間が聞かれているため，これから時間当たり賃金額を特定した．なおこの手続きのため2007年調査の賃金は判明せず，賃金に関する分析は2008年〜2010年調査のデータを用いた分析となっている．

察されないことによるサンプルセレクションバイアスを考慮するため，ヘックマンの二段階推計[28]を行う．加えて，データに観察されない個人の異質性の影響を考慮するため固定効果推計や変量効果推計といったパネル推計も行う．なお u_i は固定効果，e_{it} は誤差項である．

さらにこの分析の拡張として，2009年の介護報酬引上げの前後において，介護職で離転職職者が減ったのか，介護職から離脱する者が減ったのかどうか（(3.3) 式），介護以外から介護職へ入職するものが増えたかどうか（(3.4) 式）についても同様の DID 分析を行う．以下 (3.4) 式の被説明変数 Q_{it} は t 期に至る1年内に離転職したかどうかを示すダミー変数，および職種中分類における職種変更か無業に変わった場合に1，同職種で継続就業している場合に0を取るダミー変数を用いる．また (3.4) 式では被説明変数に介護職ダミー D_{it} を用い，説明変数に介護職以外の職に就いていることを示すダミー変数 $NonD$ を用い，介護以外の職で介護報酬改正以降に介護職への転職確率が高まったかどうかについて分析する[29]．また (3.3) (3.4) 式ともに説明変数には先行研究でも重要視されている職場のマネジメント変数 M_{it-1} を加えている．M_{it-1} は具体的には，「自分の仕事のペースを自分で決められる（1: かなりあてはまる〜4: あてはまらない）」，「職場の仕事のやり方を自分で決められる（1: かなりあてはまる〜4: あてはまらない）」，「職業能力を高める機会がある（1: かなりあてはまる〜4: あてはまらない）」である．なお (3.3) (3.4) 式では線形確率モデルによるパネル推計とプールデータによるプロビット推計の双方を行う．さらに本章でも介護職の収入と介護職からの離脱との関係を分析するため，$t-1$ 期の本人の年収に関するカテゴリー変数 $income_{t-1}$ と $income_{t-1}$ と介護職ダミーとの交差項を説明変数に加えた推計も加えて行いたい[30]．

---

[28] ここでは除外変数として，世帯全体の資産額，配偶者有ダミー，子供の人数が第一段階の説明変数に追加され，被説明変数は就業ダミーとしている．

[29] 無業から介護職へ新規に就職する経路も考えられるが，東大パネルのサンプルに無業者のサンプルが非常に少なく，同様のパネル分析はできなかった．そこで本章の分析では転職による介護職参入のみを分析している．

[30] 賃金データは2008年調査以降しか用いることができないため，ここでは $t-1$ 期の年収を用いている．なお年収は（1: 25万円未満〜12: 2,250万円以上）の順序カテゴ

$$\Pr(Q_{it}=1) = A_1 X_{it-1} + A_2 D_{it-1} + A_3 S + A_4 SD_{it-1} + A_5 E_{it-1} + A_6 M_{it-1} + u_i + e_{it-1} \tag{3.3}$$

$$\begin{aligned}\Pr(D_{it}=1) = & A_1 X_{it-1} + A_2 NonD_{it-1} + A_3 S + A_4 SNonD_{it-1} \\ & + A_5 E_{it-1} + A_6 M_{it-1} + u_i + e_{it-1}\end{aligned} \tag{3.4}$$

3.4.2 介護職求人の提示賃金が応募者獲得に与える影響

続いて「しゅふJOBサーチ」のデータを用いた介護職求人の応募者獲得状況に関する分析手続きを述べる．ここでは (3.5)(3.6) 式に基づき，各求人の提示賃金 W_j と介護求人 Oc_j およびその交差項 WOc_j，求人期間 T_j，その他の求人内容 X_j に関する変数を説明変数に用い，被説明変数に応募者獲得人数 L_j を用いた OLS，当該求人への応募者有ダミー Ld_j を用いたプロビット分析を行う．

$$L_j = \beta_1 W_j + \beta_2 Oc_j + \beta_3 WOc_j + \beta_4 E_j + \beta_5 T_j + \beta_6 X_j + e_j \tag{3.5}$$

$$\begin{aligned}P(Ld_j) &= \Pr(Ld_j=1|W_j, Oc_j, WOc_j, E_j, T_j, X_j) \\ &= \Phi(\beta_1 W_j + \beta_2 Oc_j + \beta_3 WOc_j + \beta_4 E_j + \beta_5 T_j + \beta_6 X_j)\end{aligned} \tag{3.6}$$

この分析における変数の定義を述べると，求人賃金 W_j は求人に掲載された提示時給カテゴリーのダミー変数を用いる[31]．介護職ダミー Oc_j では，職種の小項目コード[32]から確認できる「介護関連」職種を1とするダミー変数を作成した．E_j は求人登録年の総求人件数を「しゅふJOBサーチ」に登録された総会員求職者数で除した値を用い，求人時の労働市場の状況をコントロールする．また「しゅふJOBサーチ」のデータベースから抽出された求人情報には求人登録年月と掲載終了予定年月が記載されているため，その月数換算の差分を求人掲載期間 T_j [33]とした．その他の求人内容 X_j については，「長期勤

リーデータとなっている．

[31] 但し賃金カテゴリーは多くの求人で複数選択されており，同一求人であっても応募者の技能や条件によってかなり賃金に幅を持たせた求人が多いようである．

[32] 職種中分類の「介護・看護」職には「介護関連」以外にも「医療事務」「医療・介護・福祉その他」「歯科衛生士，歯科助手」「看護師・准看護師」が確認された．

[33] 掲載終了予定がデータ抽出時点より遅いものについては，データ抽出年月を求人掲載期間の終了年月に換算して計算している．

務ダミー（求人勤務期間情報より，勤務予定期間が短期限定でないことを示すダミー変数を作成）」，「正社員ダミー，正社員登用可能性ありダミー（求人検索項目より，正社員および正社員登用ありの項目に該当する求人を1，該当しない求人を0として作成）」，「フルタイム勤務ダミー（求人の勤務条件のコード情報より，1日5時間以内勤務に該当せず，かつ週5日以上勤務に該当している求人を1，それ以外を0として作成）」ならびに，検索条件情報より「勤務地最寄駅3路線利用可ダミー」，「勤務地の都道府県ダミー」，「職歴にブランクが有っても歓迎ダミー」，「未経験者歓迎ダミー」を作成しコントロールする．加えてマネジメントに関連する情報として求人検索条件のコードから「研修制度または評価制度ありダミー」，「家庭や子供の用事でお休み調整可ダミー」を作成して用いる．また介護職ダミーと各提示賃金カテゴリーとの交差項を用いた分析に加えて，各職種ごとの分割サンプルで交差項を省いた推計を行い，賃金に関する各パラメータの比較からも介護職求人の特徴を把握していきたい．

なお，その際の職種分類については「しゅふJOBサーチ」の職種大分類より「サービス販売職ダミー（フード・飲食，イベント・キャンペーン，接客・販売，軽作業・清掃・運搬，サービス），「オフィスワークダミー（営業，講師・インストラクター・保育，オフィスワーク，IT・インターネット関連，クリエイティブ・マスコミ関連）」，「介護を除く医療・介護・福祉ダミー」，「介護職ダミー」「その他」とした．

3.4.3　基本集計による概要把握とデータ特徴の把握

以下では各データセットの基本集計結果から，本分析データの該当を把握していきたい．まずは以上の分析に用いるデータセットの各変数の基本統計量を表3.1に示した．表3.1のうち東大パネルについては全国調査であるため，調査対象者である20〜40歳の全体的な特徴を反映していると考えられるが，介護職に従事している者は就業者全体のうち約2％程度となっている．就業構造基本調査を用いた山田・石井（2009）のデータセットに見られる介護職従事者の構成比とも大きくは異なっていない．一方で「しゅふJOBサーチ」を見ると，全求人のうち介護職の求人は1.6％と就業者の構成と近い数

第3章 介護報酬の引上げは介護労働者の確保に繋がっているのか？

表3.1 分析に用いるデータの基本統計量

データ名	東大パネル						「しゅふJOBサーチ」データ			
変数名	平均	標準偏差	平均	標準偏差	平均	標準偏差		平均	標準偏差	平均	標準偏差
対数賃金	7.122	0.441	–	–	–	–	応募求職者数	2.045	3.690	0.202	0.850
世帯保有資産額1000万円以上ダミー	0.580	0.494	–	–	–	–	応募者有ダミー	0.480	0.500	0.106	0.296
子供の人数	0.708	0.990	–	–	–	–	提示賃金700円以上ダミー	0.781	0.413	0.468	0.500
有配偶ダミー	0.463	0.499	–	–	–	–	提示賃金800円以上ダミー	0.829	0.377	0.468	0.502
介護職ダミー×介護報酬引上げ後ダミー	0.005	0.072	–	–	–	–	提示賃金1000円以上ダミー	0.566	0.496	0.468	0.502
介護職ダミー	0.020	0.139	–	–	–	–	提示賃金1200円以上ダミー	0.332	0.471	0.755	0.432
介護報酬引上げ後ダミー	0.297	0.457	–	–	–	–	提示賃金1500円以上ダミー	0.134	0.341	0.266	0.444
調査年の要介護（支援）認定者数	484.945	16.188	–	–	–	–	提示賃金700円以上×介護職ダミー	0.007	0.083	–	–
中学3年時の学年成績(1:上の方～5下の方)	2.757	1.179	–	–	–	–	提示賃金800円以上×介護職ダミー	0.007	0.085	–	–
男性ダミー	0.547	0.498	–	–	–	–	提示賃金1000円以上×介護職ダミー	0.009	0.095	–	–
年齢	32.948	5.952	–	–	–	–	提示賃金1200円以上×介護職ダミー	0.012	0.108	–	–
大卒、大学院卒ダミー	0.329	0.470	–	–	–	–	提示賃金1500円以上×介護職ダミー	0.004	0.064	–	–
月の労働時間	187.219	64.183	–	–	–	–	介護職ダミー	0.016	0.124	–	–
勤続年数	7.403	5.969	–	–	–	–	求人登録年の総求人数/総求職者数	0.773	0.156	0.923	0.161
勤続2条	90.429	121.133	–	–	–	–	求人募集期間	7.088	6.469	9.713	6.691
正社員ダミー	0.659	0.474	–	–	–	–	正社員ダミー	0.148	0.356	0.404	0.493
自営、経営層、その他ダミー	0.070	0.255	–	–	–	–	正社員登用可能性ありダミー	0.386	0.487	0.138	0.347
ハローワークの年平均居住地域別求人倍率	0.621	0.193	–	–	–	–	フルタイム勤務ダミー	0.227	0.419	0.956	0.493
介護職の年平均居住地域別求人倍率	1.383	0.689	–	–	–	–	長期勤務ダミー	0.720	0.449	0.915	0.281
北海道ダミー	0.035	0.184	–	–	–	–	未経験者歓迎ダミー	0.546	0.498	0.564	0.499
東北ダミー	0.073	0.260	–	–	–	–	履歴にブランクが有っても歓迎ダミー	0.649	0.477	0.106	0.310
北陸ダミー	0.045	0.207	–	–	–	–	最寄駅3路線利用可ダミー	0.358	0.479	0.053	0.226
東海ダミー	0.037	0.189	–	–	–	–	東京都	0.433	0.495	0.489	0.503
近畿ダミー	0.118	0.322	–	–	–	–	大阪府	0.068	0.251	–	–
中国ダミー	0.155	0.362	–	–	–	–	愛知県	0.047	0.211	–	–
四国ダミー	0.060	0.237	–	–	–	–	兵庫県	0.016	0.124	–	–
九州ダミー	0.032	0.175	–	–	–	–	神奈川県	0.105	0.307	0.266	0.444
16大市ダミー	0.089	0.285	–	–	–	–	家庭や子供の用事でお休み調整可ダミー	0.500	0.053	0.226	–
20万以上市ダミー	0.344	0.475	–	–	–	–	研修・評価制度ありダミー	0.357	0.479	0.096	0.296
	0.243	0.429	–	–	–	–	販売サービス職	0.443	0.497	–	–
t-1期の職場からの離職職ダミー	–	–	0.145	0.352	–	–	オフィスワーク職	0.504	0.500	–	–
t-1期の職種と異なる職種へ変わったダミー	–	–	0.240	0.427	–	–	医療介護職	0.039	0.194	–	–
t-1期介護職ダミー	–	–	–	–	0.018	0.133	医療職	0.023	0.151	–	–
t-1期介護報酬ダミー×介護報酬引上げ後ダミー	–	–	0.006	0.091	–	–	その他	0.013	0.115	–	–
t-1期介護職ダミー	–	–	0.018	0.133	–	–	サンプルサイズ	6001(全体)		94(介護職のみ)	
介護報酬引上げ後ダミー	–	–	0.304	0.460	0.304	0.460					
t-1期介護職ダミー×介護報酬引上げ後ダミー	–	–	–	–	0.298	0.458					
t-1期介護以外の職ダミー	–	–	–	–	0.982	0.132					
t-1期本人の年収	–	–	6.151	1.913	6.264	1.826					
t-1期介護以外の職ダミー×本人の年収	–	–	0.094	0.711	–	–					
t-1期介護以外の職ダミー×本人の年収	–	–	–	–	6.170	1.995					
t-1期要介護（支援）認定者数	–	–	467.590	12.915	467.569	12.913					
中学3年時の学年成績(1:上の方～5下の方)	–	–	2.762	1.178	2.759	1.179					
男性ダミー	–	–	0.546	0.498	0.558	0.497					
t-1期年齢	–	–	32.105	5.900	32.170	5.884					
大卒、大学院卒ダミー	–	–	0.326	0.469	0.331	0.471					
t-1期月の労働時間	–	–	186.733	68.012	188.575	67.179					
t-1期勤続年数	–	–	6.841	5.728	6.953	5.742					
t-1期正社員ダミー	–	–	0.634	0.482	0.646	0.478					
t-1期自営、経営層、その他ダミー	–	–	0.089	0.284	0.090	0.286					
t-1期ハローワークの年平均居住地域別求人倍率	–	–	0.802	0.317	0.803	0.316					
t-1期介護職の年平均居住地域別求人倍率	–	–	1.555	0.769	1.559	0.763					
t-1期北海道ダミー	–	–	0.037	0.190	0.036	0.187					
t-1期東北ダミー	–	–	0.071	0.257	0.071	0.257					
t-1期北陸ダミー	–	–	0.046	0.209	0.046	0.211					
t-1期東海ダミー	–	–	0.037	0.188	0.037	0.189					
t-1期近畿ダミー	–	–	0.117	0.322	0.117	0.322					
t-1期中国ダミー	–	–	0.156	0.363	0.154	0.361					
t-1期四国ダミー	–	–	0.059	0.236	0.060	0.238					
t-1期九州ダミー	–	–	0.033	0.179	0.034	0.180					
t-1期16大市ダミー	–	–	0.090	0.286	0.088	0.283					
t-1期20万以上市ダミー	–	–	0.335	0.472	0.335	0.472					
自分の仕事のペースを自分で決められる	–	–	0.245	0.430	0.245	0.430					
職場の仕事のやり方を自分で決められる	–	–	2.355	1.034	2.353	1.031					
職業能力を高める機会がある	–	–	2.623	1.012	2.620	1.015					
サンプルサイズ	–	–	2.429	1.141	2.417	1.133					
	7019		6753		6477						

値になっている．しかし職業紹介業務統計より，平成21年常用（含むパート）の平均有効求人数の構成比を算出したところ「社会福祉専門の職業」は7.1%であった．これは厳密な介護職以外の職も含んでいるのだろうが，「しゅふJOBサーチ」の「医療介護職」も3.9%しかないことを考えると，ハローワークに比べ「しゅふJOBサーチ」の介護求人は若干少なめであると考えられる．一方で，介護求人に限定したうちの約40%程度が正社員求人であり，非正規でも約14%は正社員登用の可能性がある．これは「平成23年度福祉人材

センター・バンク職業紹介実績報告⑦」の正社員求人比率52.6％とそれほど大きくは異ならない．また時給についても介護求人では1,200円以上が最も多く，次いで1,000円，800円以上となっており，「平成23年度福祉人材センター・バンク職業紹介実績報告P. 28」に見られる介護職854円，介護支援専門員1,183円，ホームヘルパー1,054円などと比べてもそれほど大きく異なっているわけではない．ただ勤務地については東京都が48.9％，神奈川県が26.6％となっており大阪や愛知県の求人はない．「平成23年度福祉人材センター・バンク職業紹介実績報告P. 37」も約24％の求人が首都圏ではあるが，その差は大きく「しゅふJOBサーチ」の介護求人ほど首都圏に限定されたものであると考えられる．要するに「しゅふJOBサーチ」の分析によって得られた結果は，首都圏の介護労働市場の特徴把握に止まり，他地域の介護労働の特徴に言及するには，別のデータセットによる分析が必要であろうことには注意を要する．

　次に本章の各分析課題に関する基本集計の結果を確認したい．まず，介護職従事者の賃金や離職率，職種変更の状況をパネル調査時点ごとに集計し，図3.3に掲載した．図3.3のうち賃金変化を見ると，マクロ統計と異なり介護職従事者の賃金のみが2009年から2010年にかけて上昇している様子が見られる．複数要因をコントロールしないと明確には分からないが，介護報酬引上げの影響も考えられる．さらに，離転職ダミーの変化を見ると，介護職以外はそれほど変化が見られないのに対し，介護職では2009年に離職率が減少し，2010年で2008年よりもさらに高い数値まで跳ね上がっている．また各職種の移り変わりの状況を見ても，やはり2010年は他年調査結果と様子が異なっている．2007～2008年，2008～2009年については約8割の介護職従事者は同職種に留まっているが，2009～2010年では60.9％まで減少し，サービス職へ移った者が23.9％と非常に増えている．反面その他職種や販売職から介護職へ流入した者の割合も若干増えており，2009～2010年は介護職間の出入りが他年度より激しくなっている．

　続いて「しゅふJOBサーチ」のデータより求人に該当する提示賃金カテゴリーごとに，各求人に応募した求職者と応募者有ダミーの平均値を集計し，図3.4に掲載した．図3.4の両図とも単純に右上がりとはなっておらず，時

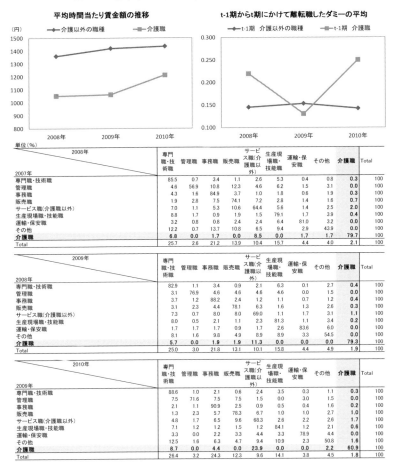

図3.3 時間当たり賃金と，離転職，職種変更の状況

給の高い求人ほど他の求人条件が厳しくなっているのかもしれない．ただし1,200円以上が多くを占める介護求人においては，1,500円以上の求人は応募者数や応募獲得率が若干高くなっている．

以上の基本集計の結果からは，介護報酬の引上げは介護職従事者の賃金を高める効果を持っていた可能性が伺えるが，その大きさは小さく，介護職からの離脱も多くなっている様子が見られた．また，介護職の賃金が高まって

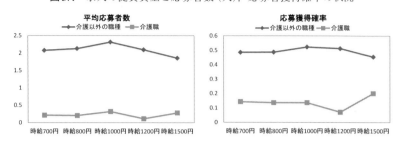

図 3.4 求人の提示賃金と応募者数（人），応募者獲得確率の状況

もそれほど応募者は増えていないことも疑われる．しかし，他の複数の条件を考慮したならば，上記のような傾向は見られないかもしれない．そこで以降では複数要因をコントロールした分析結果から，2009 年の介護報酬引上げ政策の影響について検討する．

3.5 分析結果

3.5.1 介護報酬の引上げが介護職従事者の賃金に与えた影響

まずは，介護報酬の引上げの介護職賃金への影響について見ていく．表 3.2 には，東大パネルデータを用いた (3.2) 式に基づく DID 分析の結果を掲載した．ここでは OLS やパネル推計など複数のモデルによって分析を行っているが，逆ミルズ比は有意な値をとり，ハウスマン検定の結果は固定効果モデルを支持していることから，ヘックマンの二段階推計と固定効果推計の分析結果を中心に確認していきたい．

最も着目される，「介護職ダミー×介護報酬引上げ後ダミー」はどのモデルにおいても有意な結果が示されなかった．単純集計では 2010 年ほど介護職の賃金が高くなっていたが，これは介護報酬引上げの効果というよりも，人的資本など賃金に影響する他の要因の異なりを反映したものであると考えられる．特に市場状況に関する変数よりも，中学 3 年時の成績や大卒大学院卒者，勤続年数などが明確に賃金を高めており，人的資本の影響の強さが伺われる．また「介護職ダミー」の係数を見ると，介護職の賃金は専門・技術職や事務職に比べると低いが，その他のサービス職や販売職ほど低くない状

第3章 介護報酬の引上げは介護労働者の確保に繋がっているのか？

表3.2　介護報酬引上げの賃金への影響に関するDID分析結果

被説明変数		対数賃金額							
サンプル		全体							
モデル		FE	RE	OLS	Heckit	FE	RE	OLS	Heckit
					二段階目				二段階目
説明変数		係数	係数	係数	係数	係数	係数	係数	係数
介護職ダミー×介護報酬引上げ後ダミー		0.034 [0.047]	0.049 [0.045]	0.04 [0.068]	0.043 [0.068]	0.036 [0.046]	0.052 [0.044]	0.046 [0.067]	0.05 [0.066]
介護職ダミー		-0.032 [0.045]	-0.045 [0.034]	-0.051 [0.035]	-0.051 [0.035]	-0.032 [0.052]	-0.066 [0.037]*	-0.081 [0.038]**	-0.082 [0.038]**
職種ダミー (BASE:右記以外職種)	サービス職ダミー	-	-	-	-0.143 [0.035]***	-0.132 [0.025]***	-0.134 [0.023]***	-0.135 [0.023]***
	専門・技術職ダミー	-	-	-	-	0.093 [0.032]***	0.092 [0.021]***	0.093 [0.018]***	0.093 [0.018]***
	事務職ダミー	-	-	-	-	0.008 [0.028]	-0.028 [0.020]	-0.028 [0.018]	-0.027 [0.018]
	販売職ダミー	-	-	-	-	-0.103 [0.030]***	-0.12 [0.021]***	-0.115 [0.019]***	-0.116 [0.019]***
	生産技能職ダミー	-	-	-	-	-0.072 [0.029]**	-0.077 [0.020]***	-0.068 [0.018]***	-0.068 [0.018]***
介護報酬引上げ後ダミー		0.002 [0.011]	0.011 [0.006]**	0.009 [0.009]	0.02 [0.011]*	0.003 [0.011]	0.008 [0.006]	0.005 [0.009]	0.016 [0.011]
中学3年時の学年成績(1:上の方～5下の方)		-	-0.034 [0.006]***	-0.035 [0.004]***	-0.035 [0.004]***	-	-0.024 [0.006]***	-0.026 [0.004]***	-0.026 [0.004]***
大卒、大学院卒ダミー		-	0.121 [0.015]***	0.105 [0.010]***	0.119 [0.012]***	-	0.099 [0.015]***	0.083 [0.010]***	0.097 [0.012]***
勤続年数		0.005 [0.003]*	0.009 [0.002]***	0.012 [0.002]***	0.012 [0.002]***	0.005 [0.003]*	0.009 [0.002]***	0.011 [0.002]***	0.011 [0.002]***
λ		-	-	-	0.091 [0.045]**	-	-	-	0.092 [0.045]**
男性ダミー		-	Yes	Yes	Yes	-	Yes	Yes	Yes
月の労働時間		Yes	Yes	Yes	Yes	Yes	Yes	Yes	Yes
雇用形態ダミー		Yes	Yes	Yes	Yes	Yes	Yes	Yes	Yes
年齢		-	Yes	Yes	Yes	-	Yes	Yes	Yes
勤続年数の2乗値		Yes	Yes	Yes	Yes	Yes	Yes	Yes	Yes
居住地域ダミー		Yes	Yes	Yes	Yes	Yes	Yes	Yes	Yes
都市規模ダミー		Yes	Yes	Yes	Yes	Yes	Yes	Yes	Yes
定数項		2.083 [0.205]***	2.326 [0.043]***	2.228 [0.032]***	2.153 [0.049]***	2.229 [0.206]***	2.36 [0.047]***	2.258 [0.037]***	2.183 [0.052]***
サンプルサイズ		7019	7019	7019	9630	7019	7019	7019	9630
グループ数			3123				3123		
ハウスマン検定 Prob>chi2		0.000				0.000			

被説明変数		一段階目 就業ダミー							一段階目 就業ダミー
大卒、大学院卒ダミー		-	-	-	0.386 [0.036]***	-	-	-	0.386 [0.036]***
世帯保有資産額1000万円以上ダミー		-	-	-	-0.119 [0.030]***	-	-	-	-0.119 [0.030]***
子供の人数		-	-	-	-0.138 [0.018]***	-	-	-	-0.138 [0.018]***
有配偶ダミー		-	-	-	0.262 [0.035]***	-	-	-	0.262 [0.035]***
男性ダミー		-	-	-	Yes	-	-	-	Yes
介護報酬引上げ後ダミー		-	-	-	Yes	-	-	-	Yes
年齢		-	-	-	Yes	-	-	-	Yes
居住地域ダミー		-	-	-	Yes	-	-	-	Yes
都市規模ダミー		-	-	-	Yes	-	-	-	Yes
定数項		-	-	-	-0.808 [0.103]***	-	-	-	-0.808 [0.103]***

注1：[　]内の値は標準誤差を表す．
注2：*** は1％水準，** は5％水準，* は10％水準で有意であることを示す．
注3：女性に関するヘックマン推定の第1段階目の分析サンプルは，女性無業者と全ての雇用形態の女性就業率となっている．

況が示されている．

次に，介護報酬引上げ前後における離職確率や介護職からの流出，介護職への流入確率に関する分析結果について表3.3より確認する．表3.3においても複数のモデルのうち支持されるのは固定効果モデルとなった．表3.3の「介護職ダミー×介護報酬引上げ後ダミー」および「介護以外職ダミー×介護報酬引上げ後ダミー」を見ると，介護報酬の引上げは介護職の離職率には影響が見られないが，介護職から他職種への流出率を高めると同時に，他職種から介護職への流入も高めている様子が見られる．またマネジメントに関する変数を見ると，「職業能力を高める機会がある（1:かなりあてはまる～4:あてはまらない）」が離職率や介護職からの離脱確率に有意な結果を示している．職業能力を高める機会に富んでいるほど離職や介護職からの離脱が抑えられる様子が示され，先行研究の指摘と整合的な結果が得られている．また正社員であることは離職や介護職からの離脱を抑制し，本人の年収は介護職もそれ以外の職についても移動確率を下げている．本章の分析結果によれば，勤務条件に比して賃金が低く定着が難しいと言われる介護労働分野に人材を留めておくためには，マネジメントだけではなく金銭面も重要と考えられる[34]．

以上の複数の分析からは，介護報酬の引上げは賃金増に結びついていないながらも，引上げ改定以降に介護職からの離脱や介護職への流入など介護分野間における移動の状況が盛んになっている様子が見られたがそれはなぜだろうか．3.2節で述べたように，3.0％の介護報酬の引上げでは労働者の賃金を高めるには至らず，その結果賃金が高まることを期待していた介護労働者が介護労働から離脱して行ったのかもしれない．Akerlof（1982,1984）などで提示されるギフトエクスチェンジ仮説では，労働者は企業の利潤が高まった際にそれが公平に賃金に反映，分配されれば労働意欲が高まり，生産効率も高まるという仮定が置かれる．

このたびの介護報酬引上げは，労働者の賃金を高める目的で企業の利潤に

---

[34] 但し東大パネルの本人の年収に関する質問は，必ずしも労働収入のみからの年収という解釈はできず，注意を要する．

表3.3 離職,他職種移行,介護職への転職に関するDID分析結果

被説明変数	t-1期の職場からの離転職ダミー				t-1期の職種と異なる職種(中分類)へ変わったか離職したダミー				t期介護職へ転職ダミー			
サンプル	2008~2010年調査サンプル(t-1期就業者)											
モデル	FE	FE	Probit	Probit	FE	FE	Probit	Probit	FE	FE	Probit	Probit
説明変数	係数	係数	限界効果	限界効果	係数	係数	限界効果	限界効果	係数	係数	限界効果	限界効果
t-1期介護職ダミー×介護報酬引上げ後ダミー	0.041 [0.065]	0.082 [0.066]*	0.063 [0.278]	0.048 [0.287]	0.157 [0.084]*	0.248 [0.086]***	0.175 [0.251]**	0.21 [0.264]**	–	–	–	–
t-1期介護職ダミー	-0.138 [0.075]*	0.298 [0.231]	-0.005 [0.164]	-0.068 [0.531]	-0.158 [0.096]*	0.697 [0.231]	-0.003 [0.151]	0.207 [0.511]	–	–	–	–
介護報酬引上げ後ダミー	-0.06 [0.026]***	-0.079 [0.026]***	0 [0.138]	-0.016 [0.144]	-0.106 [0.033]***	-0.119 [0.034]***	-0.043 [0.116]	-0.047 [0.118]	-0.298 [0.017]***	-0.302 [0.018]***	-0.002 [0.473]	-0.002 [0.490]
t-1期介護職以外職ダミー×介護報酬引上げ後ダミー	–	–	–	–	–	–	–	–	0.3 [0.016]***	0.303 [0.017]***	0.009 [0.309]*	0.007 [0.320]*
t-1期介護職以外職ダミー	–	–	–	–	–	–	–	–	-0.046 [0.018]**	0.238 [0.060]***	-0.753 [0.193]***	-0.159 [0.658]**
t-1期本人の年収	–	-0.07 [0.007]***	–	-0.043 [0.017]***	–	-0.049 [0.008]***	–	-0.029 [0.013]***	–	0.059 [0.011]***	–	0.001 [0.120]
t-1期介護職ダミー×本人の年収	–	-0.1 [0.045]**	–	0.018 [0.103]	–	-0.177 [0.058]***	–	-0.041 [0.100]	–	–	–	–
t-1期介護職以外職ダミー×本人の年収	–	–	–	–	–	–	–	–	–	-0.06 [0.011]***	–	-0.002 [0.123]*
t-1期調査年の要介護(支援)認定者数	0 [0.001]	0.001 [0.001]	0 [0.006]	0.001 [0.007]	0.004 [0.002]***	0.005 [0.002]***	0.003 [0.005]*	0.004 [0.006]**	0 [0.000]	0 [0.000]	0.019 [0.019]	0.019 [0.019]
男性ダミー	–	–	-0.022 [0.044]**	0.007 [0.047]	–	–	0.038 [0.038]***	0.058 [0.040]***	–	–	-0.003 [0.141]**	-0.006 [0.154]**
t-1期年齢	–	–	-0.004 [0.004]***	-0.002 [0.004]**	–	–	-0.004 [0.003]**	-0.002 [0.003]**	–	–	0 [0.011]	0 [0.011]
t-1期勤続年数	0.053 [0.003]***	0.05 [0.003]***	-0.009 [0.005]**	-0.007 [0.005]**	0.026 [0.004]***	0.024 [0.004]***	-0.003 [0.004]**	-0.001 [0.004]	-0.002 [0.001]**	-0.002 [0.001]**	0 [0.015]**	0 [0.016]
雇用形態 t-1期正社員ダミー	-0.107 [0.026]***	-0.089 [0.026]***	-0.104 [0.051]**	-0.049 [0.056]**	-0.085 [0.033]**	-0.057 [0.034]**	-0.091 [0.046]**	-0.047 [0.050]***	0.005 [0.006]	0 [0.006]	0.001 [0.161]*	0.001 [0.175]*
(Base: t-1期自営,経営層,その他) 非正規ダミー	-0.077 [0.047]	-0.036 [0.047]*	-0.072 [0.085]**	-0.065 [0.090]***	-0.057 [0.061]	-0.026 [0.061]	-0.083 [0.073]***	-0.068 [0.073]***	0.006 [0.012]	0.006 [0.012]	-0.003 [0.411]*	-0.003 [0.435]
t-1期ハローワークの年平均居住地域別求人倍率	-0.013 [0.049]	-0.01 [0.049]	-0.022 [0.247]	0 [0.253]	0.088 [0.063]	0.079 [0.064]	0.066 [0.206]	0.072 [0.211]	-0.009 [0.012]	-0.007 [0.012]	-0.008 [0.671]**	-0.006 [0.705]
t-1期介護職の年平均居住地域別求人倍率	0.006 [0.023]	-0.003 [0.023]	0.002 [0.120]	0.011 [0.125]	-0.03 [0.029]	-0.027 [0.029]	-0.01 [0.100]	-0.001 [0.103]	0.001 [0.005]	0 [0.006]	0.003 [0.361]**	0.002 [0.374]
t-1期自分の仕事のペースを自分で決められる	0.002 [0.007]	0.007 [0.007]	0.001 [0.024]	0.002 [0.024]	0.003 [0.010]	0.003 [0.009]	-0.009 [0.021]	-0.004 [0.021]	-0.003 [0.002]	-0.003 [0.002]*	-0.001 [0.071]	-0.001 [0.071]
t-1期職場の仕事のやり方を自分で決められる	-0.003 [0.007]	-0.007 [0.007]	0.001 [0.026]	-0.004 [0.026]	0.013 [0.010]	0.009 [0.009]	0.007 [0.022]	0.001 [0.022]	0.003 [0.002]**	0.003 [0.002]*	-0.077 [0.077]	-0.076 [0.076]
t-1期職業能力を高める機会がある	0.023 [0.007]***	0.013 [0.005]**	0.016 [0.021]**	0.01 [0.018]	0.022 [0.009]***	0.015 [0.007]**	0.022 [0.018]***	0.013 [0.016]***	-0.002 [0.002]	0.001 [0.001]	0.001 [0.065]	0.001 [0.057]
中学3年時の成績	–	–	YES	YES	–	–	YES	YES	–	–	YES	YES
t-1期月の労働時間	YES	YES	YES	YES	YES	YES	YES	YES	YES	YES	YES	YES
大卒,大学院卒ダミー	–	–	YES	YES	–	–	YES	YES	–	–	YES	YES
t-1期居住地域ダミー	YES	YES	YES	YES	YES	YES	YES	YES	YES	YES	YES	YES
t-1期都市規模ダミー	YES	YES	YES	YES	YES	YES	YES	YES	YES	YES	YES	YES
定数項	-0.207 [0.603]	-0.209 [0.602]	–	–	-1.808 [0.773]**	-1.723 [0.779]**	–	–	0.05 [0.149]	-0.248 [0.165]	–	–
サンプルサイズ	7018	6753	7018	6753	7018	6753	7018	6753	6477	6729	6729	6477
グループ数	3104	3040	3104	3040	3104	3040	3104	3040	2987	2925	2987	2925
ハウスマン検定 Prob>chi2	0.000	0.000	–	–	0.000	0.000	–	–	0.000	0.000	–	–
Breusch and Pagan検定 Prob>chi2	0.000	0.000	–	–	0.000	0.000	–	–	0.063	0.3614	–	–

注1:[ ]内の値は標準誤差を表す.
注2:***は1%水準,**は5%水準,*は10%水準で有意であることを示す.

直接寄与する政策でありながらも,それが公平に分配されず労働者の賃金増には繋がらなかったため,労働意欲をなくした介護職従事者が他職種へ離脱して行った可能性がある.また賃金が高まらなかった中でも介護職への流入が2010年に促進されているのは,改定後が2010年という事でリーマン・ショックの影響が表れてしまい,介護以外の職種の状況が相対的に悪化したことによる一時的なものであることが疑われる.これについては2010年以降のパネル調査データも加えた分析によって再度確認することが望まれよう.

3.5.2 提示賃金が求人の応募者獲得に与える影響

続いて介護職求人の提示賃金が求職者の応募確率に与える影響に関する分析結果について見ていく．分析結果は表3.4に掲載した．表3.4より提示賃金と介護職ダミーとの交差項を見ると，プロビット分析の結果では介護職と1,500円の交差項が有意に応募確率を高めているが，1,200円との交差項では反対に負に有意となり，応募人数の分析結果に関してはいずれも有意になってはいない．加えて介護職従事者にサンプルを限定した分析結果でも，高い賃金ほど応募促進がなされるという結果は見られず，このたびの分析では介護職求人の提示賃金が高いほど応募者獲得に繋がるという単純な相関関係は見られない結果となった．これは介護以外の職種についても同様である．ただし，このたびの分析では求人の要求スキル条件に関する情報を用いていない．求人の要求スキルは提示賃金と正の相関を持つことが予想されるため，提示賃金が高いほど応募条件をクリアすることが難しく応募が抑制されている可能性がある．

また賃金以外の側面を見ると，介護職に限定した分析では「家庭の事情でお休み調整可」であるほど応募人数が多く，やはり新規労働力の獲得という側面に関してもマネジメントや就業環境面が重要になっている．「家庭の事情でお休み調整可」は介護以外についても応募者獲得に繋がっている様子が示され，介護以外では他にも「未経験者歓迎ダミー」や「勤務地最寄駅3路線利用可能ダミー」などが有意に応募促進に繋がっている．また正社員採用や正社員登用は介護以外では正に有意だが，介護職では有意になっておらず，フルタイム勤務や長期勤務などの求人条件面に関しても介護職と介護以外の職種で影響が異なる様子が確認される．マネジメント側面の労働力流入への影響は，介護職求人の場合と，他職種の場合とで異なると考えられる．

3.6 これまでの分析結果の整理とさらなる拡張

本章のこれまでの分析結果より確認された点は以下の4点である．
①介護報酬引上によって介護職従事者の賃金が高まる傾向は，マクロデータやミクロ計量分析の結果からも確認できなかった．
②介護報酬引上後に，介護職からの離脱が増えていた．

第3章 介護報酬の引上げは介護労働者の確保に繋がっているのか？

表3.4 求人の提示賃金の応募獲得への影響に関する分析結果

被説明変数	求人への応募者数						求人への応募者数				
サンプル	全求人	販売サービス	オフィスワーク	医療介護	医療	介護	全求人	販売サービス	オフィスワーク	医療介護	医療	介護
モデル	OLS	OLS	OLS	OLS	OLS	OLS	Probit	Probit	Probit	Probit	Probit	Probit
説明変数	係数	係数	係数	係数	係数	係数	限界効果	限界効果	限界効果	限界効果	限界効果	限界効果
提示賃金700円ダミー	-0.214 [0.157]	0.303 [0.199]	-1.086 [0.256]***	-0.631 [0.747]	-0.808 [1.069]	-0.459 [0.529]	0.011 [0.021]	0.068 [0.031]**	-0.108 [0.032]***	-0.056 [0.105]	-0.162 [0.168]	2.495 [0.907]***
提示賃金800円ダミー	0.499 [0.171]***	0.621 [0.231]***	0.963 [0.263]***	-0.292 [0.716]	0.464 [1.085]	-1.063 [0.528]**	-0.002 [0.023]	0.060 [0.035]*	0.047 [0.033]	-0.004 [0.108]	0.124 [0.172]	0.706 [0.296]**
提示賃金1000円ダミー	0.062 [0.118]	-0.203 [0.161]	0.227 [0.178]	1.035 [0.509]**	1.342 [0.846]	0.623 [0.264]**	-0.018 [0.016]	-0.039 [0.024]	-0.006 [0.022]	0.031 [0.084]	0.095 [0.147]	-0.068 [0.172]
提示賃金1200円ダミー	-0.219 [0.129]*	-0.267 [0.192]	0.132 [0.180]	-0.504 [0.295]*	-1.103 [0.606]*	-0.07 [0.153]	0.004 [0.017]	0.042 [0.028]	0.024 [0.022]	-0.155 [0.057]**	-0.271 [0.134]**	-0.048 [0.058]
提示賃金1500円ダミー	-0.403 [0.154]***	-0.27 [0.228]	-0.102 [0.224]	-0.552 [0.292]*	-0.657 [0.531]	0.118 [0.166]	-0.085 [0.02]***	-0.073 [0.033]**	-0.040 [0.028]	-0.016 [0.054]	-0.054 [0.112]	0.083 [0.091]
提示賃金700円ダミー ×介護職ダミー	0.074 [3.030]	-	-	-	-	-	1.294 [48.937]	-	-	-	-	-
提示賃金800円ダミー ×介護職ダミー	-0.893 [2.602]	-	-	-	-	-	-1.202 [48.936]	-	-	-	-	-
提示賃金1000円ダミー ×介護職ダミー	0.485 [1.492]	-	-	-	-	-	-0.015 [0.249]	-	-	-	-	-
提示賃金1200円ダミー ×介護職ダミー	-0.132 [0.883]	-	-	-	-	-	-0.293 [0.159]*	-	-	-	-	-
提示賃金1500円ダミー ×介護職ダミー	-0.217 [0.891]	-	-	-	-	-	0.266 [0.155]*	-	-	-	-	-
介護職ダミー	-0.71 [0.867]	-	-	-	-	-	-0.329 [0.146]**	-	-	-	-	-
求人登録年の総求人数/総求職者数	0.021 [0.319]	1.205 [0.489]**	-0.137 [0.464]	0.533 [1.190]	-0.738 [1.666]	0.219 [1.470]	-0.032 [0.042]***	-0.049 [0.074]	-0.212 [0.056]	-0.399 [0.174]	5.301 [0.279] [3.567]
求人募集期間	0.092 [0.008]***	0.126 [0.010]***	0.106 [0.012]***	-0.043 [0.030]	-0.048 [0.044]	-0.051 [0.021]**	0.009 [0.001]***	0.015 [0.001]***	0.011 [0.001]***	-0.001 [0.005]	-0.008 [0.008]	0.145 [0.071]**
正社員求人ダミー	1.071 [0.140]***	1.063 [0.237]***	0.361 [0.193]*	-0.135 [0.388]	-0.012 [0.714]	0.148 [0.212]	0.134 [0.019]***	0.177 [0.034]***	0.062 [0.034]*	-0.016 [0.064]	0.052 [0.115]	-0.156 [0.131]
正社員登用可能性ありダミー	0.965 [0.099]***	0.728 [0.154]***	0.114 [0.144]	-0.223 [0.379]	-0.34 [0.582]	0.18 [0.235]	0.129 [0.013]***	0.158 [0.023]***	0.005 [0.017]	0.036 [0.050]	0.038 [0.099]	-0.099 [0.146]
フルタイム勤務ダミー	-0.472 [0.121]***	-0.627 [0.211]**	-0.683 [0.159]***	-0.772 [0.320]**	-1.422 [0.543]***	0.008 [0.159]	-0.084 [0.016]***	-0.141 [0.033]***	-0.103 [0.019]***	-0.145 [0.057]**	-0.208 [0.098]**	-0.041 [0.055]
長期勤務ダミー	-0.227 [0.114]**	-0.723 [0.161]***	0.251 [0.165]	-0.344 [0.478]	-0.381 [0.674]	1.055 [0.503]**	0.021 [0.015]	-0.029 [0.024]	0.036 [0.020]*	-0.120 [0.079]	-0.091 [0.129]	-0.236 [0.221]
未経験者歓迎ダミー	0.573 [0.114]***	0.764 [0.170]***	0.759 [0.163]***	0.704 [0.330]**	1.662 [0.608]***	0.179 [0.174]	0.067 [0.015]***	0.133 [0.025]***	0.054 [0.019]***	0.139 [0.064]**	0.254 [0.111]**	0.030 [0.054]
職歴にブランクが有っても歓迎ダミー	0.068 [0.111]	-0.274 [0.153]*	0.469 [0.153]***	0.408 [0.423]	-0.43 [0.615]	0.687 [0.754]	0.028 [0.015]*	0.051 [0.026]**	0.034 [0.019]*	-0.007 [0.064]	-0.136 [0.101]	0.153 [1.123]
家庭や子供の用事でお休み調整可ダミー	0.636 [0.101]***	0.469 [0.142]***	0.918 [0.149]***	1.828 [0.443]***	1.464 [0.660]**	1.383 [0.310]***	0.025 [0.014]*	-0.016 [0.021]	0.073 [0.018]***	0.171 [0.06]***	0.176 [0.105]*	1.034 [0.645]
研修・評価制度ありダミー	0.121 [0.123]	-0.241 [0.195]	0.869 [0.170]***	-0.67 [0.532]	-1.091 [0.758]	0.932 [0.793]	0.053 [0.016]***	0.028 [0.028]	0.062 [0.021]***	0.005 [0.081]	-0.178 [0.13]	1.337 [1.393]
最寄駅3路線利用可ダミー	0.78 [0.110]***	1.052 [0.170]***	0.96 [0.152]***	0.901 [0.462]**	0.579 [0.677]	0.533 [0.420]	0.088 [0.014]***	0.108 [0.024]***	0.087 [0.018]***	0.167 [0.062]***	0.091 [0.106]	0.074 [0.112]
定数項	-0.184 [0.329]	-1.342 [0.517]***	-0.477 [0.461]	1.355 [1.363]	2.85 [1.846]	-0.493 [1.573]	-	-	-	-	-	-
勤務都道府県ダミー	YES	YES	YES	YES	YES	YES	YES	YES	YES	YES	YES	YES
サンプルサイズ	6001	2659	3027	234	140	94	6001	2659	3027	209	115	94
自由度調整済決定係数	0.118	0.121	0.187	0.316	0.311	0.576	-	-	-	-	-	-
疑似決定係数	-	-	-	-	-	-	0.104	0.102	0.150	0.396	0.357	0.854

注1：[ ]内の値は標準誤差を表す．
注2：***は1%水準，**は5%水準，*は10%水準で有意であることを示す．

③介護報酬引上げ後には，介護職以外の職種から介護職への流入も同時に増えていた．

④本分析では介護職求人の賃金と求職者の応募との明確な関係は明らかにならなかった．しかしマネジメントに関わる就業環境面の条件は明確に応募者獲得に影響していた．介護労働力の離脱防止だけではなく，流入についてもマネジメント側面が重要であろう様子が確認された．

表3.5 介護労働実態調査事業所票より，賃金や経営状況に関する調査結果抜粋

	今の介護報酬では、人材の確保・定着のために十分な賃金や報酬を払えない	経営（収支）が苦しく、労働条件や労働環境の改善がしたくてもできない	昨年9月1ヵ月間の収入と比較した本年9月1ヵ月の収入割合	平成21年度の介護報酬改定によって経営面でどのような対応をしましたか		
				基本給の引上げ	諸手当の導入、引上げ	一時金の支給
2007年度調査結果	64.7	41.5	—	—	—	—
2008年度調査結果	71.6	44.2	101.9	—	—	—
2009年度調査結果	52.7	32.7	108.1	30.4	26.6	19.2
2010年度調査結果	51.5	29.1	107.9	25.1	18.5	9.8
2011年度調査結果	49.8	26.3	105.4	—	—	—
2012年度調査結果	46.4	26.3	106	—	—	—

以上の結果を確認すると，①については3.2節で検討したようにより大幅な介護報酬の引上げによっては，確認されるようになるかもしれない．また事業所の経営状況によっては，介護報酬引上げ後に賃金を高めることができた事業所もあるであろう．「介護労働実態調査」の事業所調査の結果である表3.5を見ると，2009年の介護報酬の引上げにより「基本給の引き上げ」を行った事業所が2009年度調査では30.4％，2010年調査でも25.1％と一定量確認できる．また，介護報酬が低く，十分な賃金が支払えないと回答する事業所も2009年調査結果より大幅に減少し，事業所の収入も年々高まっているようである．これらの状況をみる限りでは介護人材の確保に関する政策によって，介護職従事者の賃金引上げに向かわせる環境が次第に整いつつあるとも考えられる．しかし，2009年以降においても介護報酬が低く十分な賃金が支払えないと回答する事業所は半数近くも存在する．このように多くの事業所にとっては，引上げられた介護報酬でも賃金を引上げには不十分であることから，全体的な傾向として賃金増加が確認されなかったものと推察する．

次に②の結果については，介護報酬に引上げによっても賃金が高まらなかった労働者が，ギフトエクスチェンジ仮説が満たされなかったことによって離脱していったことが疑われる．東大パネルの単純集計結果では介護報酬引上げの直前である2009年調査回答時のみ介護職の離転職率が低かったが，介護報酬引上げまで行動を起こさなかった者達が，介護報酬引上げ後にも賃金が高まらなかったことにより，離転職行動を起こしていった可能性はある．仮にこのような理由が正しい場合には，2009年度に思いとどまっていた部分がちょうど2010年度に高く表れたのであり，介護報酬の引上げによって2011年以降も継続的に離転職率や介護からの離脱が増えるということは考えにくい．

さらに③の結果についてだが，介護報酬が介護職従事者の賃金を高めていないのにもかかわらず，介護職への他職種からの流入が介護報酬引上げ後に増えていたことは一見不自然に思われる．しかし，2010年はリーマン・ショックの影響を含んでおり，介護報酬引上げの影響がなかったとしても，より大きな負のショックを受けた他職種から比較的労働需要の高い介護職へ移動してくることは十分考えられる．これについても2011年以降も同様であるとは考えにくい．

最後④の結果についてだが，今後の課題として求人の要求技能情報をコントロールした分析を試みる必要が考えられる．ただし，マネジメント側面が応募者獲得についても重要である様子が見られたことについては合理的な解釈が可能な分析結果といえる．先行研究で複数指摘されるように，労働力の離脱防止にはマネジメントが重要でありながら，流入についても同様で，介護分野の労働力確保を果たすためには労務管理の発達が欠かせないと考えられる．

3.7 本章のむすび

では，本章で明らかにすることができた点からどのような政策的含意が導けるだろうか．まず考えられるのは，目的に対する手段の修正である．最終的な政策目的である「介護職分野の労働力確保」については，職場環境やマネジメントの充実が重要である様子が本章や先行研究で共通して確認され

た．介護職の厳しい職場環境や仕事内容に手を付けずに，賃金引上げのみによって政策目標を達成するのは厳しい．堀田 (2010) では介護職従事者のストレス軽減に繋がるマネジメントのヒントが紹介されているが，賃金引上げのみに着目するよりもむしろマネジメントの改善を支援するような取り組みが重要であろう．ただしこれは賃金が重要ではないということではない．ギフトエクスチェンジ仮説によって介護職から他職種への移動が起きる懸念や，本章の表 3.3 の分析結果では年収が低いほど介護職からの離脱に繋がっていることを考えると，賃金の側面も無視するわけにはいかない．介護職の厳しい仕事に対して賃金が低いということが問題であるならば，賃金増加と労働負荷や環境改善と言った双方への対応のバランスが重要であると考えられる．

第4章

民間職業紹介活用の効果とは

4.1 民営職業紹介と公共職業紹介の社会的役割分担

　グローバル化や技術進歩などの経済・社会構造の変化の中で，労働者を取り巻く環境も大きく変化した．日本的雇用慣行の三種の神器とも呼ばれた「終身雇用」や「年功賃金」，「企業別労働組合」の特徴は年々弱まりつつあり，もはや「転職」は労働者の一般的な行動となってきた．しかし近年の経済・社会構造の変化には従事する業務によって必要とされる技能やその対価の二極化が進行していることも特徴的であり，これは池永 (2011) で指摘されるように労働需要要因が大きいことが考えられる．要するに，転職の必要性が高まってきても求人の質の変化により，中間層の労働者にマッチする雇用機会がなくなっており，転職がうまく行われないというミスマッチ問題が深刻化してくる[35]．

　このような求人・求職の質が合わないことによるミスマッチに対しては，労働者への再教育による労働移動に効果が期待される．第2章で見てきたように「社会人の学び直し」によって市場間の壁を越える役割が期待できる．しかし他方で，産業や職種転換は一時的な賃金減少を伴いやすい．いかにして一時的な賃金減を伴う成長分野に，労働者の就業意欲を向かわせるかといった問題も大きく存在する．このようなミスマッチ問題に対しては，公共職業紹介が一定の役割を果たしていたと考えられる．公共職業紹介には，社会人への再教育とマッチングサービスをセットで行う取り組みは古くから見

---

[35] ジョブ・クリエーションが進めばミスマッチも改善に向かうという議論もあるが，クリエートされるジョブも二極化されたもののみであれば，やはりミスマッチは解消しない．

られる．また，失業給付やその間の相談対応業務には労働者の留保条件を長期間かけて引き下げる効果が期待される．実際に多くの先行研究によって，公共職業紹介が上記問題への対応を実際に果たしていることを示唆する事実が確認されている．たとえば，中村（2002）や小林・阿部（2014）では，学歴が低いことや年齢が高いなど転職市場で不利な条件を持つ者ほど公共職業紹介によって転職を実現させていることが確認され，中村（2002）や児玉ほか（2004）では公共職業紹介による転職ほど転職後の賃金が低下していることが確認されている．また小林・阿部（2014）では公共職業紹介による転職ほど，前職と異なる産業や職業に移動しやすい傾向にあることを確認している．

　また公共職業紹介だけでなく民間人材ビジネスも一部では同様の役割を果たしている可能性はある．大手派遣会社では教育サービスを充実させている例も見られるし，市場規模は小さいながらもアウトプレースメント業では労働者の留保条件を下げるようなコンサルティングも行われる．しかし民間人材ビジネスのうち，ハローワークの職業紹介と対比される民営職業紹介会社の行いについては，市場間の壁を越えさせるような取組は少ない．民営職業紹介会社の多くは求職者へ職業訓練のようなサービスを行っていない．また比較的人的資本の高い求職者をターゲットにしているために，求職者の希望に即して仕事紹介が行われ，留保条件を引き下げるような取組は比較的行われにくい．要するに民営職業紹介業は，市場間のミスマッチを教育やコンサルテーションを通じて，長期間かけて解消していくのではなく，現在の求職者の状況を尊重し，現在の求人の中から引き合わせを行っているという即時的なマッチングに特化していると考えられる[36]．このような民営職業紹介の特性は，求職者側から料金を徴収できないという法規制があるために仕方がないことかもしれないが，即時的なマッチングに特化することによって求人・求職者のサーチコストの削減や情報の非対称性を緩和させ，より良い

---

[36] 実際にリクルートエージェントでの求職者サービスでは，求職登録から6カ月経っても転職が決まらない場合には，求人紹介サービスを提供する関係を一旦打ち切るという取り決めがなされた．なおここで述べている民営職業紹介業は，登録型人材紹介業を意味し，サーチ型やアウトプレースメント型を想定しているわけではない．

第4章　民間職業紹介活用の効果とは

図4.1　ミスマッチ問題に対する公共職業紹介業と民営職業紹介，その他の民営人材サービス業の果たす社会的役割

観察される問題	経済学の議論におけるミスマッチ問題の概念	背景にある問題	問題の解消に対応する機関
構造的、長期の摩擦的ミスマッチ問題	労働市場間のミスマッチ	技術偏向的技進歩（SBTC）などによる労働需要要因のPolarization	公共職業紹介 アウトプレースメント 教育訓練サービス
市場の即時的なマッチング機能が弱いことによるミスマッチ	労働市場内のミスマッチ	情報の不完全性 サーチ当事者間の異質性	人材派遣 アウトソーシング 民営職業紹介

サーチ結果をもたらすというミドルマンとしての役割を公共職業紹介よりも高く果たしている可能性はある．

　これらの事を考えると，公共職業紹介と民営職業紹介，また民営職業紹介以外の他の人材サービスとでは社会的機能が異なっており，図4.1のような整理ができると考えられる．民営職業紹介は後者の市場内の相性改善や即時マッチングという利点を有し，公共職業紹介やアウトプレースメント，一部の派遣業では前者の市場間ミスマッチの解消に利点があると考えられる．「日本再興戦略」や「産業競争力会議」で見られる今後の民間人材サービスの活用促進案においても，それぞれの局面で長所を有した事業体を選別すべきであろう．たとえば，職業訓練や再就職を民間企業にも開放し，「行き過ぎた雇用維持型から労働移動支援型への政策シフト」を図るという「平成25年4月23日第7回産業競争力会議，資料8，厚生労働省提出資料P.1」の政策については，民営職業紹介企業に開放するよりもアウトプレースメント企業に開放したほうが良いと考えられる．また「ハローワークの求人情報開示」によって，即時マッチングが可能な求人については民営職業紹介が強みを発揮すると考えられる．さらに同資料「ジョブカード交付・カウンセリングの委託」では，「フリーター等，時間をかけたカウンセリングが必要な人に対する」と記述が見られ，教育サービスに強い民間人材サービス企業に任せるべきで

図4.2 平成25年4月23日第7回産業競争力会議，資料8，厚生労働省提出資料 P. 3, P. 5

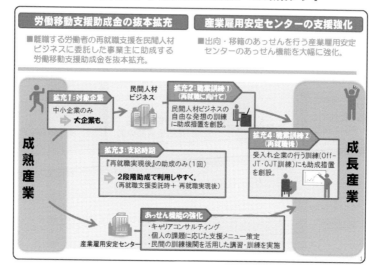

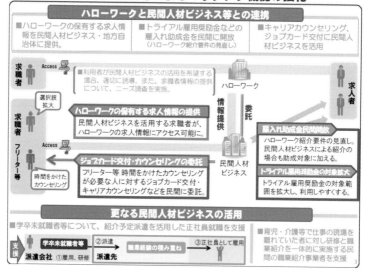

あろうし，このような事業はむしろ公共職業紹介の得意分野であろう．

ただし，即時的なマッチング業務についても民営職業紹介のほうが優れているという保証はなく，ハローワークの求人情報開示の効果についてもさらなる検討が必要であろう．というのも，平成22年3月発表の「人材銀行事業（市場化テスト）実施状況に関する評価書について」によれば，就職率や満足度など国による実施ほど良好な結果を示しているものもあれば，転職後の賃金など民間実施ほど転職結果が良いものもあり，どちらのマッチング機能がより良いものであるかは結論に至っていない．また上述した先行研究でも同様の検討が複数行われているが，求職者の特性のコントロールが不十分であったり，コントロールを試みた分析事例が少なく，実証経済学分野の議論においてもやはりどちらのマッチング機能がより良いものであるかはコンセンサスを得られていない．

そこで本章では個票データの計量分析を行うことで，求職者の個別特性のコントロールを試みても実際に民営職業紹介に高いマッチング機能が確認できるかどうかを検討する．このような試みは小林・阿部（2014）でも行われており，DID Matching分析によって年収を高めるという点においては民営職業紹介ほど良いマッチング結果をもたらしていることが指摘されている．本章では検討の構成やデータセットを小林・阿部（2014）に則りながらも分析手法を変え，PSM法ではなく操作変数法を用いる．これにより分析手法を変えてもやはり民営職業紹介に高いマッチング機能が備わっているかどうかを確認する．

なお操作変数法には，転職経路の選択決定など内生変数と考えられる変数には影響を持つが，転職後の年収などの結果変数には直接影響を持たないことが求められており，何を操作変数とするかは非常に難しい問題である．本章の分析で用いるリクルートワークス研究所ワーキングパーソン調査のデータセットの質問項目や，マクロの公表データからも妥当な操作変数はなかなか見つからない．そこで株式会社東京企画[37]CM総合研究所が所有している

---

[37] http://www.cmdb.jp/　こちらの企業では24時間365日，キー局で放映されたTVCMを録画し，データ化しており，その情報を分析することでTVCMに関するあらゆる問題への提言を行っている．

「民営職業紹介会社の企業イメージアップに関するTVCM放映数」の年次推移データを別途提供してもらい，これを転職者の転職年とリンクさせることで，民営職業紹介を経由して転職したかどうかを内生変数と考えた場合の操作変数として用いる．

CM総合研究所では「イメージアップCM」は，企業の認知向上を目的として，特定商品やブランドに関するメッセージは送らないCMと定義されている．要するに，民営職業紹介会社の認知は高めるが，扱っている求人情報は発信せず，雇用形態，収入，職種や産業など特定の求人内容への誘導がないCMをカウントしている．このようなCMが与える影響は，景気変数などの環境要因をコントロールした場合[38]には，民営職業紹介による転職を増やすものの，その転職結果には直接影響を及ぼさないと考えられる．

以下，4.2節では民営・公共職業紹介のマッチング機能の違いに関する数学的な考察を行う．続く4.3節ではこれまでの先行研究を整理するとともに，双方の職業紹介のマッチングが転職結果に与える影響の違いについて経済学の文脈で考えうる仮説を提示する．次いで4.4節では具体的な分析モデルと分析に用いるデータを概観する．4.5節で分析結果を説明し，4.6節で分析結果から得られるインプリケーションを考察する．

4.2　民営職業紹介と公共職業紹介のマッチング機能に関する理論検討

公共・民営職業紹介で利用者の能力特性が異なっていれば，そのマッチング結果も異なってくるであろうことは容易に想像される．しかし，利用者の特性が同じでも，公共・民営職業紹介それぞれの運営上の違いがマッチング結果の違いを発生させる場合，どのようなメカニズムで結果に違いを発生させるのだろうか．Yavas（1994）の理論をもとに検討していきたい．なお，ここでの議論のエッセンスは4.3節においても述べるので，読み飛ばしていただいても構わない．

---

[38] CM数が景気などと相関し，好景気が転職結果に影響することは考えられるため，分析をする上では，景気変数をコントロールして行うことが必要となる．

4.2.1 仲介業者が存在しない場合のサーチ主体の行動

Utpal and Yavas (1993) や Yavas (1994) では，就職行動における求人企業，求職者のように，双方向のサーチ行動主体が考えられる中で，職業紹介業のような仲介者の存在が，それぞれの行動主体や社会厚生にどのような影響を与えるのかが理論的に分析されている．前者は中古品小売業のように仕入販売のような所有権の移転をともなう仲介者の分析であるのに対し，後者は純粋なマッチメーカーを想定し，より職業紹介業の行動分析に近いものとなっている．Yavas (1994) では仲介手数料が発生するモデルとなっており，民営職業紹介を連想させる．モデルの前提としてまずは仲介者以外の売手と買手の行動を考える．ここでは売手は一単位の商品を所持しており，買手は一単位の商品を買おうとしている．売手による商品評価価値[39]をP_sで表し，これは$G(\underline{P_s})=0 \sim G(\overline{P_s})=1$で分布していると想定する．同様に買手の同商品の評価価値はP_bで表され$F(\underline{P_b})=0 \sim F(\overline{P_b})=1$の分布となる．$P_b-P_s>0$であれば取引が成立し，売手と買手は取引から発生するP_b-P_sをωの比率で分け合うことを決める．要するに売手はP_s評価の商品を手放す代わりに，買手からP_sの金額を受け取るに加えて$\omega(P_b-P_s)$を得るので，$P_s-P_s+\omega(P_b-P_s)=\omega(P_b-P_s)$の収益となる．一方買手は$P_s$を支払う代わりに$P_b$の価値を持つ商品を獲得するが，そのうち$\omega$分は売手に還元するので，$(1-\omega)(P_b-P_s)$の収益を得ることになる．また取引がまったく起きないことをさけるため$\overline{P_b}>\overline{P_s}$と設定する．

このような前提のもと，仲介が存在しないなかで，売手はV_s，買手はV_bというそれぞれの期待価値を最大にするような行動を考える．

$$\text{Max} \quad V_s(S, P_s, B^\circ(\tilde{P_b})) = \int_{\underline{P_s}}^{\overline{P_b}} \gamma(S+B^\circ(\tilde{P_b}))\omega(\tilde{P_b}-P_s)dF(\tilde{P_b})-C(S) \tag{4.1}$$

---

[39] これは両者の当該商品による限界効用と考えられる．効用関数の形状が両者で異なり，同じ商品でも限界効用が異なることから，それが低い所有者から高い所有者への移転が起こり，その差分が収益として生まれる．

図4.3 取引発生条件と売手と買手の商品評価額の分布

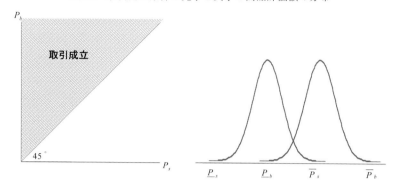

$$\text{Max} \quad V_b(B, P_b, S^\circ(\tilde{P}_s)) = \int_{\underline{P}_s}^{\overline{P}_b} \gamma(B + S^\circ(\tilde{P}_s))(1-\omega)(P_b - \tilde{P}_s) dG(\tilde{P}_s) - C(B) \quad (4.2)$$

ここで,Sは売手の,Bは買手のサーチの強さでありそれぞれの商品評価P_s, P_bの増加関数とする.サーチコスト $C(.)$ はそれぞれのサーチ努力の関数であるが,$C' > 0$, $C'' > 0$ を想定する.ただし双方にとって自分自身の商品の評価額はわかるが,それぞれ相手の評価額は厳密にはわからず,分布$F(\cdot)$,$G(\cdot)$をもとに相手の評価$\tilde{P}_s$, $\tilde{P}_b$を予測する.これに伴い,相手のサーチ努力S°, B°もそれぞれ相手の予測評価$\tilde{P}_s$, $\tilde{P}_b$をもとに想定されるとする.そして双方のサーチ努力の強さによって定まるマッチ確率$\gamma(S+B)$に伴い,取引によって発生する$P_b - P_s$を売手はω,買手は$1-\omega$の比率で分け合う.(4.1)式,(4.2)式それぞれのサーチ努力による1階の条件は,以下の2式となる.

$$\gamma\omega \int_{\underline{P}_s}^{\overline{P}_b} (\tilde{P}_b - P_s) dF(\tilde{P}_b) = C'(S) \quad (4.3)$$

$$\gamma(1-\omega) \int_{\underline{P}_s}^{\overline{P}_b} (P_b - \tilde{P}_s) dG(\tilde{P}_s) = C'(B) \quad (4.4)$$

4.2.2 仲介業者が存在する場合のサーチ主体の行動

次に，仲介者が存在する[40]場合を見ていく．この場合には当事者は$S(S)$，$C(B)$を支払い自らサーチを行ってもよいし，$S(P_s)$，$B(P_b)$をゼロとし，サーチコストを払わない代わりに仲介手数料を払い，仲介業者を利用することも選択できる．ただし自分が仲介を利用しても，相手が利用していない場合には，仲介業者は双方をマッチさせることはできない．この場合は相手が自分を探し出してくれる可能性に期待して待つだけとなる．この場合に，幸運にも相手が自分を見つけ出してくれたとすると，相手は紹介業者をまったく利用していないので紹介手数料を払う必要はないが，自身は紹介業者からの紹介によるマッチではなくとも，いったん利用をし，かつ結果的にマッチが成立したならば手数料が徴収されるものとする．

このような前提の中，まずは初期時点では仲介を利用せずに自らサーチを行う場合を考える．この際の双方の期待利潤をそれぞれ下記のようにW_s，W_bと表す．なお，一期目に自ら相手を見つけられなかった場合には二期目には双方とも必ず仲介が利用され[41]，双方とも仲介利用がされた場合は必ずマッチが成立し，取引から得た収益の中からk分を仲介手数料として支払うこととする．また相手については初期時点から仲介を利用する場合と自身でサーチ行動をとる場合の双方考えられ，その可能性を$\widetilde{F}(\widetilde{P}_b)$，$\widetilde{G}(\widetilde{P}_s)$として考慮すると，まず労働力の売手である求職者の行動は，

---

[40] ここでは仲介業者は市場を独占し，リスク中立的であるという前提がされている．
[41] 一期目に独力サーチに失敗していることから，さらにサンクコスト$C(\cdot)$を払い不確実なサーチを行う戦略は，成功報酬型の仲介業者を利用する戦略に弱支配される．

$$\text{max:} \quad W_s(S, B^{\circ\circ}(\tilde{P}_b), k) = \int_{\underline{P}_s}^{\overline{P}_b} \mu \gamma (S + B^{\circ\circ}(\tilde{P}_b)) \omega(\tilde{P}_b - P_s) dF(\tilde{P}_b)$$

$$+ \int_{\underline{P}_s}^{\overline{P}_b} (1-\mu) \gamma (S + B^{\circ\circ}(\tilde{P}_b)) \omega(\tilde{P}_b - P_s) d\tilde{F}(\tilde{P}_b)$$

$$+ \int_{\underline{P}_s}^{\overline{P}_b} (1-\gamma(S + B^{\circ\circ}(\tilde{P}_b))) \delta(1-k) \omega(\tilde{P}_b - P_s) dF(\tilde{P}_b) - C(S)$$

(4.5)

$$※ \ d\tilde{F}(\tilde{P}_b) = \begin{cases} dF(\tilde{P}_b) & if \quad B^{\circ\circ}(\tilde{P}_b) > 0 \\ 0 & if \quad B^{\circ\circ}(\tilde{P}_b) = 0 \end{cases}$$

となる.同様に買手である求人企業の行動は以下で表される.

$$\text{max:} \quad W_b(B, S^{\circ\circ}(\tilde{P}_s), k) = \int_{\underline{P}_s}^{P_b} \mu \gamma (B + S^{\circ\circ}(\tilde{P}_s))(1-\omega)(P_b - \tilde{P}_s) dG(\tilde{P}_s)$$

$$+ \int_{\underline{P}_s}^{P_b} (1-\mu) \gamma (B + S^{\circ\circ}(\tilde{P}_s))(1-\omega)(P_b - \tilde{P}_s) d\tilde{G}(\tilde{P}_s)$$

$$+ \int_{\underline{P}_s}^{P_b} (1-\gamma(B + S^{\circ\circ}(\tilde{P}_s))) \delta(1-k)(1-\omega)(P_b - \tilde{P}_s) dG(\tilde{P}_s) - C(B)$$

(4.6)

$$※ \ d\tilde{G}(\tilde{P}_s) = \begin{cases} d\tilde{G}(\tilde{P}_s) & if \quad S^{\circ\circ}(\tilde{P}_s) > 0 \\ 0 & if \quad S^{\circ\circ}(P_s) = 0 \end{cases}$$

μは$0 \leq \mu \leq 1$であり,一方が自らサーチしているが他方は仲介を利用しているような場合には,双方とも自らサーチしている場合よりも出会う確率が減少することを表している.反対に双方とも仲介を利用している場合には,確

実にマッチが約束されると仮定している．要するに右辺第一項と第二項によって，初期時点では自身は自らサーチし，相手が仲介を利用している場合$\mu\gamma$のマッチ率となり，初期時点に自分も相手も自らサーチしている場合にはマッチング確率がγとなる．また右辺第三項は一期目に自らサーチしても出会えなかった場合に双方とも二期目には仲介を利用し，確実に出会うことになる場合の期待利潤である．

次に，仲介が存在する場合の中でも初期時点から自らサーチせず，すぐに仲介を利用する場合を考える．その際の求職者と求人企業の期待利潤をそれぞれR_s, R_bで表す．ここでは自分のサーチ努力に関わらずマッチが決まり，以下2式のようになる．

$$R_s(P_s, k) = \int_{P_s}^{\overline{P_b}} (1-k)\omega(\tilde{P}_b - P_s)\Delta_b(\tilde{P}_b)dF(\tilde{P}_b) \tag{4.7}$$

$$\Delta_b(\tilde{P}_b) = \begin{cases} 1 & if \quad B^{\circ\circ}(\tilde{P}_b) = 0 \\ \mu\gamma B^{\circ\circ}(\tilde{P}_b) + (1-\mu\gamma B^{\circ\circ}(\tilde{P}_b))\delta & if \quad B^{\circ\circ}(\tilde{P}_b) > 0 \end{cases}$$

$$R_b(P_b, k) = \int_{\underline{P_s}}^{P_b} (1-k)(1-\omega)(P_b - \tilde{P}_s)\Delta_s(\tilde{P}_s)dG(\tilde{P}_s) \tag{4.8}$$

$$\Delta_s(\tilde{P}_s) = \begin{cases} 1 & if \quad S^{\circ\circ}(\tilde{P}_s) = 0 \\ \mu\gamma S^{\circ\circ}(\tilde{P}_s) + (1-\mu\gamma S^{\circ\circ}(\tilde{P}_s))\delta & if \quad S^{\circ\circ}(\tilde{P}_s) > 0 \end{cases}$$

なお，ここでも相手は，初期時点で自らサーチする場合と仲介を利用する場合とがあることが$\Delta_s(\tilde{P}_s)$, $\Delta_b(\tilde{P}_b)$によって表わされる．

4.2.3　仲介業利用者の特徴と転職前後の収入変化

これまでに確認した (4.5) 式と (4.7) 式の差，(4.6) 式と (4.8) 式の差からどのような特徴を持つ求職者，求人企業が初期時点から仲介業者を利用するのかがわかる．まず求職者について見ていくと，$W_b - R_b$ が正なら初期時点では自らサーチし，負であれば初期時点から仲介を利用する．$W_b - R_b$ を P_b で微分すると，

$$\partial(W_b(\cdot)-R_b(\cdot))/\partial P_b =$$
$$\int_{\underline{P}_s}^{P_b} \mu\gamma(B+S^{\circ\circ}(\tilde{P}_s))(1-\omega)dG(\tilde{P}_s) + \int_{\underline{P}_s}^{P_b}(1-\mu)\gamma(B+S^{\circ\circ}(\tilde{P}_s))(1-\omega)d\tilde{G}(\tilde{P}_s)$$
$$+ \int_{\underline{P}_s}^{P_b}(1-\gamma(B+S^{\circ\circ}(\tilde{P}_s)))\delta(1-k)(1-\omega)dG(\tilde{P}_s) - \int_{\underline{P}_s}^{P_b}(1-k)(1-\omega)\Delta_s(\tilde{P}_s)dG(\tilde{P}_s)$$
(4.9)

となる．ここではまだ (4.9) 式が正となるか負となるかは分からないが，さらに微分をすると

$$\partial^2(W_b(\cdot)-R_b(\cdot))/\partial P^2_b =$$
$$\int_{\underline{P}_s}^{P_b}\mu\gamma(\partial B/\partial P_b)(1-\omega)dG(\tilde{P}_s) + \int_{\underline{P}_s}^{P_b}(1-\mu)\gamma(\partial B/\partial P_b)(1-\omega)d\tilde{G}(\tilde{P}_s)$$
$$-\int_{\underline{P}_s}^{P_b}\gamma(\partial B/\partial P_b)\delta(1-k)(1-\omega)dG(\tilde{P}_s)$$
(4.10)

となり，もし $\delta(1-k) < \mu$ ならば $\partial^2(W_b(\cdot)-R_b(\cdot))/\partial P^2_b > 0$ であることがわかる．$P_b = \underline{P}_s$ ならば $G(\underline{P}_s) = 0$ であるからこれを (4.9) に代入すると $\partial(W_b(\cdot)-R_b(\cdot))/\partial P_b = 0$ であることがわかるが，当初の前提より $P_b > \underline{P}_s$ であることから $\partial(W_b(\cdot)-R_b(\cdot))/\partial P_b = 0$ は実現されない．以上の関係を図示した図 4.4 を見ると明らかなように，$\partial^2(W_b(\cdot)-R_b(\cdot))/\partial P^2_b > 0$ かつ $P_b > \underline{P}_s$ であれば $\partial(W_b(\cdot)-R_b(\cdot))/\partial P_b > 0$ であることがわかる．

これより求人企業は労働力の評価価値 P_b が高くなるほど自らサーチを行い，一期目から仲介を利用する可能性は低くなる．また求職者についても同様の手続きを行う[42]と，$\partial(W_s(\cdot)-R_s(\cdot))/\partial P_s < 0$ となり，求人企業とは反対に労働力の評価価値 P_s が高い者ほど一期目から仲介を利用する傾向が高ま

---

[42] ここでは $\partial^2(W_s(\cdot)-R_s(\cdot))/\partial P^2_s > 0$ となるが，$P_b > \underline{P}_s$ であれば，P_s は図 4.4 の波線の水平軸の範囲内になる．その際には $\partial(W_s(\cdot)-R_s(\cdot))/\partial P_s$ は負の範囲に現れる．

図表4.4 $\partial(W_b(\cdot)-R_b(\cdot))/\partial P_b$, $\partial^2(W_b(\cdot)-R_b(\cdot))/\partial P_b^2$ と P_b, $\underline{P}_s$ の関係

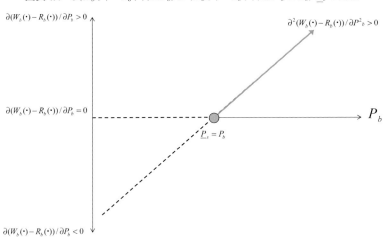

りやすいことがわかる．要するに仲介業者の利用者特徴は，自らサーチする者とで異なっていることが考えられ，求人・求職双方が仲介業者を利用している場合，P_b-P_s そのものは低い可能性が考えられる．これは利用者の特性によって仲介業を経由した転職前後の収入変化は小さい可能性を示唆する．

さらに仲介の中でも民営・公共職業紹介で利用者の特徴は異なるのかどうかを考える．主には仲介料率 k が異なることの影響を考える．公共職業紹介の場合には，求人側にも求職者にも紹介手数料は徴収されないし，日本の民営職業紹介所は求職者側へ仲介手数料を取ることが禁じられている[43]．このような違いから，買手である求人企業側の条件式（4.10）をもとに，$k=0$ を代入した場合と，$k>0$ の場合とを比較する．どちらの場合も $\delta(1-k)<\mu$ ならば $\partial^2(W_b(\cdot)-R_b(\cdot))/\partial P_b^2>0$ であることは共通しているが，$k>0$ である場合

---

[43] 職業紹介のマッチング関数を分析した神林（2005）や佐々木（2007）ではマッチングの成立には求職者数の増加の影響が求人数の増加の影響よりも大きいことが共通して示されている．求職者からの手数料の徴収禁止は法律で定められており，職業紹介会社の意思決定ではないが，求職者からの徴収をしないことで職業紹介に求職登録がされやすくなり，マッチ成立の効率を高めるという，正の効果も期待できる．

の方が$\partial^2(W_b(\cdot)-R_b(\cdot))/\partial P_b^2$の値は小さくなる．つまり図4.4で示される$\partial^2(W_b(\cdot)-R_b(\cdot))/\partial P_b^2$の傾きは緩やかになり，その結果$k=0$の場合よりも$k>0$の場合のほうが評価価値$P_b$が高い求人も含まれやすいことになる．ここではこれ以上のことは分からないが，もし求職者がこのような求人企業の特徴の違いを認知しているとすると，P_sが高いと思われる仲介利用者の中でも，さらに労働市場で有利な者が，民営職業紹介を利用しやすくなるといった可能性も考えられる．

　また，仲介業者の行動からも転職前後の収入変化は影響を受けることが考えられる．Yavas（1994）では以下（4.11）式のような仲介業者の行動を提示し，仲介手数料を通じて得られる期待利潤$\pi(k)$を最大にするよう行動するとしている．ただしここでは単純化のために仲介業者の活動にかかるコストは考慮しない．また仲介手数料の発生は，求職者，求人企業のどちらかが利用していればその利用者から仲介料を得られるので，

$$\begin{aligned}
Max: \pi(k) = &\int_{P_s}^{\bar{P}_s}\int_{P_b}^{\bar{P}_b} \mu\gamma(S^{\circ\circ}(\cdot)+B^{\circ\circ}(\cdot))\Omega(\tilde{P}_b,\tilde{P}_s)k \times \max\{0,\tilde{P}_b-\tilde{P}_s\} \\
&+(1-\gamma(S^{\circ\circ}(\cdot)+B^{\circ\circ}(\cdot)))\times\Delta_m(\tilde{P}_b,\tilde{P}_s)k\max\{0,\tilde{P}_b-\tilde{P}_s\}dF(\tilde{P}_b)G(\tilde{P}_s)
\end{aligned} \quad (4.11)$$

$$※\Omega(\tilde{P}_b,\tilde{P}_s)=\begin{cases}\omega & if\quad S^{\circ\circ}(\tilde{P}_s,k)=0\ \ and\ \ B^{\circ\circ}(\tilde{P}_b,k)>0 \\ 1-\omega & if\quad S^{\circ\circ}(\tilde{P}_s,k)>0\ \ and\ \ B^{\circ\circ}(\tilde{P}_b,k)=0\end{cases},$$

$$※\Delta_m(\tilde{P}_b,\tilde{P}_s)=\begin{cases}1 & if\quad S^{\circ\circ}(\tilde{P}_s,k)=B^{\circ\circ}(\tilde{P}_b,k)=0 \\ \delta & otherwise.\end{cases}$$

　右辺第一項は求職者・求人企業のどちらかが仲介を利用した場合の期待利潤を表し，第二項は双方とも初期時点で仲介を利用した場合と，双方とも初期時点では自らのサーチは失敗に終わり，二期目に双方仲介を利用した場合の期待利潤を表す．$\tilde{P}_b-\tilde{P}_s$が大きいほど利潤が高まることから，仲介業者は転職前後の収入を高めようとする可能性が伺える．ただし公共職業紹介の場合は常に$k=0$のため，公共職業紹介でもそのような誘因を持つかどうかは

不明である．

4.2.4 求職者の転職後満足度への影響

　以上では求職者，求人企業のそれぞれの行動と，仲介業によってそれを利用する者の特徴が異なることや，転職前後の収入変化に差が生じる可能性を見てきた．以降では仲介者の存在や民営・公共の違いが，どのようにそれぞれの行動結果としての期待利潤に影響を与えるかを見ていく．まず仲介業が存在している場合にサーチを行う場合の (4.5) 式と (4.6) 式をそれぞれ自らのサーチの強さ B, S で微分すると，以下のようになる．

$$\gamma\omega[\mu\int_{P_s}^{\overline{P_b}}(\tilde{P}_b-P_s)dF(\tilde{P}_b)+(1-\mu)\int_{P_s}^{\overline{P_b}}(\tilde{P}_b-P_s)d\tilde{F}(\tilde{P}_b)-(1-k)\delta\int_{P_s}^{\overline{P_b}}(\tilde{P}_b-P_s)dF(\tilde{P}_b)]$$
$$=C'(S) \tag{4.12}$$

$$\gamma(1-\omega)[\mu\int_{\underline{P_s}}^{P_b}(P_b-\tilde{P}_s)dG(\tilde{P}_s)+(1-\mu)\int_{\underline{P_s}}^{P_b}(P_b-\tilde{P}_s)d\tilde{G}(\tilde{P}_s)-(1-k)\delta\int_{\underline{P_s}}^{P_b}(P_b-\tilde{P}_s)dG(\tilde{P}_s)]$$
$$=C'(B) \tag{4.13}$$

　このサーチの限界費用を示す (4.12) (4.13) 式と仲介業者が存在しない場合の限界費用を示す (4.3) (4.4) 式との比較から，求職者，求人企業双方とも仲介業者が存在する場合の方がサーチの限界コストが低くなることがわかる．加えて $C''(\cdot)>0$ を想定していることや，初期時点から仲介を利用する場合にはサーチコスト自体がかからないことから，仲介業者の存在は求職者・求人企業双方ともにサーチコストを減少させる役割があることがわかる．特に求人充足率や失業率に偏りがある状況などサーチのコストが高いと思われる環境では，仲介業者の存在がサーチコストを減少させる効果により，取引主体の期待利潤を高め，転職後満足度は高い可能性も期待できる．中村 (2002) は景気の変動状況と公共職業紹介の利用状況を確認しているが，不況期ほど求職者の職安経由転職が高まっており，好況期ほど公共職業紹介

以外の経由転職が多くなっていることを確認している．

　最後に仲介業を利用することを前提とした場合の期待利潤とまったく利用しない場合との比較を考える．なぜならYavas（1994）の問題意識は，職業紹介が存在していて，それを利用するかしないかを選択できる場合の期待利潤と，職業紹介が存在せず，まったく利用できない場合の期待利潤の比較が基本となっているので，これは厳密には本章の問題意識と異なる．そこで職業紹介のみを利用して求職する場合の求職者の期待利潤関数である（4.7）式と，まったく利用しない場合の求職者の期待利潤関数（4.1）の差がkの大きさによってどのように異なるかを確認していく．まず（4.7）式と（4.1）式の差は

$$R_s(P_s,k)-V_s(S,P_s,B^{\circ}(\tilde{P_b}))$$
$$=\int_{P_s}^{\bar{P_b}}(1-k)\omega(\tilde{P_b}-P_s)\Delta_b(\tilde{P_b})dF(\tilde{P_b})-\int_{P_s}^{\bar{P_b}}\gamma(S+B^{\circ\circ}(\tilde{P_b}))\omega(\tilde{P_b}-P_s)dF(\tilde{P_b})+C(S)$$
(4.14)

$$※\Delta_b(\tilde{P_b})=\begin{cases} 1 & if \quad B^{\circ\circ}(\tilde{P_b})=0 \\ \mu\gamma B^{\circ\circ}(\tilde{P_b})+(1-\mu\gamma B^{\circ\circ}(\tilde{P_b}))\delta & if \quad B^{\circ\circ}(\tilde{P_b})>0 \end{cases}$$

仲介手数料kが発生しない場合，買手も仲介を利用していれば確実に仲介を利用した場合の期待利潤が高くなる．また，買手が仲介を利用しない場合は$\gamma S, \mu, \delta, C(\cdot)$の値によって（4.14）式が正になるかどうかは不明確であるが，

$$\partial(R_s(P_s,k)-V_s(S,P_s,B^{\circ}(\tilde{P_b})))/\partial k$$
$$=\int_{P_s}^{\bar{P_b}}-\omega(\tilde{P_b}-P_s)(\mu\gamma B^{\circ\circ}(\tilde{P_b})(1-\delta)+\delta)dF(\tilde{P_b})$$
(4.15)

は負であることからkが小さいほど，仲介を利用した時の期待利潤の方が高くなりやすいことはわかる．要するにkがゼロであれば求職者は仲介を利用した方が期待利潤を高めやすくなり，加えて求人企業がサーチをせずに仲介を利用する可能性が高いことが，求職者にとっての仲介を利用する期待利潤を高める．日本では民営・公共職業紹介ともに$k=0$としているので求職者

については双方で異ならない．しかし求人企業にとっての民営職業紹介は$k>0$である一方で，公共職業紹介は$k=0$である．この違いは求人企業の仲介利用可能性に影響する．求人企業の行動である(4.8)式と(4.2)式の差についても

$$\partial(R_b(P_b,k)-V_b(B,P_b,S^\circ(\tilde{P}_s)))/\partial k$$
$$=\int_{P_s^-}^{P_b}-\omega(P_b-\tilde{P}_s)(\mu\gamma S^{\circ\circ}(\tilde{P}_s)(1-\delta)+\delta)dG(\tilde{P}_s) \tag{4.16}$$

は負であることから求人企業もkが小さいほど仲介を利用したときの期待利潤の方が高くなりやすい．よって求人企業にとっても仲介料を徴収しないことが，求人企業の仲介利用可能性を高めることに繋がる．また先に見たように，求人企業の仲介利用可能性が高いことは求職者にとっても仲介利用の期待利潤を高めることになる．つまり民営よりも公共職業紹介の方が，求人企業側が当該職業紹介を利用する可能性を高めることで，求職者にとっても公共職業紹介を利用するメリットを高めることになる．よって利用者の特徴や転職前後の収入などをコントロールすれば，公共職業紹介を経由したほうが転職後の満足度が高い可能性も考えられる．ただしこれもサーチ相手の行動による間接的な影響であり，純粋な公共職業紹介のマッチングそのものの良し悪しとは言えないだろう．このような相手の要因もコントロールした際の公共職業紹介の効果を考える必要があると思われる．これまでの議論では公共，民営職業紹介ともに「自身も相手も職業紹介を利用している場合は必ずマッチが成立する」という仮定を置いていたが，自らサーチを行う際のマッチ成立可能性が$\gamma, \mu\gamma$と不確実であるのと同様に，求人・求職双方が職業紹介を利用している際のマッチ成立可能性の係数が1であることは現実的ではないかもしれない．これにもやはり不確実性があり，仲介を利用しない場合のγと異なっていたり，また民営・公共紹介で異なっている可能性が考えられる．純粋な仲介業，また民営，公共職業紹介のマッチングそのものの効果の違いは，このような変数の違いにより生じているものと考えられる．本章の以降の分析に用いるデータからは，同一個人が公共職業紹介を利用した場合

と民営職業紹介を利用した場合の転職成功確率がそれぞれ把握できるわけではなく，以上のような議論を直接検証するような分析はできない．そこで以降では本章の分析手続きへの繋がりとして，これまでに行われた実証分析の先行研究に関する分析手法をサーベイし，またミドルマンの理論で指摘される仲介業のどのような機能の違いがこのたびの分析で検証されるかについて議論する．

4.3　実証分析による先行研究と本章の検証仮説

4.3.1　日本の実証分析による先行研究例

　実証分析の先行研究においても，仲介者と求人，求職者の三者のどのデータを用いるかによって分析の方法が大きく分かれている．本来であれば求人企業や求職者がどのような経路を利用してサーチ行動を行いその結果がどうであったのか，またそれぞれ利用された仲介業者の行動やその結果がデータとして備えられ，これら三者の行動主体を同時に考慮できるデータで分析を行うべきであろう．しかしそのようなデータセットはおそらく存在せず，日本はおろか海外また経済学以外の研究でも見たことはない．そのため日本の実証研究の蓄積も上記三者のどちらかの行動とその結果を補足したデータを用いた分析となっている．

　まず職業紹介機関を補足したデータによる分析としては神林（2005）や佐々木（2007）がある．ここでは職業紹介機関に登録された求職と求人双方のデータを扱いマッチング関数を推計することで分析が行われている．神林（2005）では第一次・第二次世界大戦期のデータを用いて公共・民営双方の職業紹介機関のマッチング関数を推定することで民営職業紹介のほうがマッチの質もスピードについても効率的だったことを示している．また佐々木（2007）では公共職業紹介のマッチング過程を紹介とマッチの成立に分けてマッチング関数の分析を行っている．その結果紹介効率は近年高まってきているが，マッチ成立に関する効率は高まっている兆しが見えないことを指摘している．

　また，求人企業の行動に関するデータを用いた希少な研究に，上野・神林・村田（2004）がある．ここでは雇用動向調査の事業書票を用いて若年従

業員の多い事業所や専門職の少ない事業所ほど公共職業紹介が利用されること，民営職業紹介を利用する事業所には職種面の特徴が見られないことが明らかにされている．

　一方で児玉樋口ほか(2004)や中村(2002)，黒澤(2005)，小林・阿部(2014)などの分析では求職者の行動とその結果に関する情報が蓄積されたデータを用いた分析が行われている．転職経路の選択関数やその結果として転職後の賃金関数などを推計することにより，民営・公共職業紹介利用者の特徴や転職方法による転職結果への影響の違いを分析している．本章で行う分析も，労働者に対して行われたアンケートデータを用いている関係から，転職者の経路選択とその結果の二段階推計を行うものであり，これら分析の流れに位置する．彼らの分析を概観すると，中村(2002)では公共職業紹介経由の転職決定に関する推計が行われており，公共職業紹介を経由した転職者ほど中小企業出身者や仕事が不満で転職をした者が多いなど，転職市場で不利と思われるものが多いことが示されている．また公共職業紹介による転職を説明変数とし，転職直後の賃金変化や現在の賃金を説明する推計を行い，公共職業紹介経由の転職者ほど転職直後の賃金変化が低くなりやすいものの，いくらかの勤続年を経た現在の賃金については他の転職経路と無差別であることを示している．また樋口ほか(2004)では公共職業紹介だけでなく民営職業紹介や縁故，求人広告など多くの転職経路についてそれぞれを経由したマッチング結果がどのように異なっているかを分析している．またマッチング結果の指標にも賃金変化など金銭的なもの以外に，転職までにかかった離職期間や満足度と多くの指標が扱われている．分析の結果，公共職業紹介による転職ではその他の方法による転職よりも離職期間が長期化しており，転職後の満足度も低く，賃金も低い傾向があるという結果が示された．一方民営職業紹介による転職では，離職期間も短く賃金上昇もしやすくなるという．また黒澤(2005)は公共職業紹介について，その利用と経由転職段階とを分けて考え，利用に関する推計結果を用いて転職直後の年収や年収変化についてPropensity Score Matching法による分析を行っている．分析の結果，公共職業紹介を利用する転職者の特徴を考慮すると，公共職業紹介を経由した転職ほど他の転職経路に比べてその後の年収は高い傾向があると指摘されてい

る．一方で小林・阿部（2014）は公共職業紹介だけでなく，民営職業紹介にも着目して黒澤（2005）と同様の分析手法を実行している．またここでは各職業紹介の利用ごとに産業や職業や企業規模の移動状況が異なるかどうかという点も考慮された．分析の結果，公共職業紹介では小企業に転職しやすく，民営職業紹介ほど大企業への転職確率が高まっていること，また公共職業紹介による転職ほど年収が下がりやすく，民営職業紹介による転職ほど年収が高まりやすいのだが，そのような傾向は企業規模の移動状況の事なりによって多くが説明されること．ただし企業規模の移動を考慮しても民営職業紹介の年収増加効果は残されていることが指摘されている．本章の分析も民営・公共職業紹介を経由した転職者の特徴をコントロールした上で年収変化や満足度といった転職結果を分析するが，操作変数法を用いる点に違いがある．

4.3.2　なぜ民営紹介と公共紹介で転職結果が異なりうるのか

　先述したように本章では求職者側の行動とその結果情報に視点を向け，公共・民営職業紹介を経由した転職によって他の方法による転職とどのように転職結果が異なるかを分析する．なお，その際の転職結果として扱う指標については先行研究でも扱われている年収の転職前後の変化や転職後の満足度の二つとし，これらへの影響の違いから民営・公共職業紹介のマッチングについて考察していく[44]．では民営・公共職業紹介の利用の違いによってこれら転職結果が異なるならば，どのような理由によって異なりうるのだろうか．

　4.2節でみたようにYavas（1994）などMiddle Manの研究では仲介業である職業紹介を利用すれば，取引相手の仲介をしてもらうことでサーチコストを削減できる可能性が論じられている．実際に公共職業紹介も民営職業紹介も求人企業や求職者双方と打ち合わせを行い，彼らの要望を聞いたうえでその要望に見合うであろう相手候補の情報を提供するなど情報収集行動を肩代わ

---

[44] 先行研究では転職後の定着性や転職までに要する期間など様々な指標についても考慮し，総合的にマッチングの良し悪しを判断する必要性が指摘されているが，分析に扱うデータセットの制約もあり，本章ではこれら三点の結果指標の分析にとどめている．

りしてくれる．また，相手候補への諸連絡や面接などの予定調整などの手続きも行うなど，転職・採用行動の一部を肩代わりしている．このような職業紹介機関の活動によってサーチ当事者のサーチコストが削減されるならば，これまで以上にサーチ活動の範囲や量などを広げることができ，またサーチの活動範囲や量が拡大するならばより良い相手と出会う可能性は高まるはずで，サーチコストの削減によってマッチングの結果も良好になることが考えられる．

さらには職業紹介機関が求人・求職双方の間に立って情報を提供することで，両者への情報流通の質が高まることも考えられる．Biglaiser（1993）の理論によると，職業紹介機関は市場の専門家として多くのサーチ当事者に接し多くの情報を集めていることから，求人企業や求職者の発する情報を正しく評価する能力がサーチ当事者以上に高いことが考えられる．その場合，職業紹介の利用によって彼らがクリーニングした質の高い情報を転職活動に活用することで，そのような情報を利用しない場合よりもマッチングの質が高まる可能性がある．

以上のように職業紹介のような仲介機関には，サーチコストを軽減する機能と情報流通の質を高める機能があると考えられるが，これら機能は公共職業紹介も民間職業紹介も共に有しているものである．しかし仮にこれら機能の質に両者の間で違いがあるならば，同じ求職者であっても民営・公共職業紹介のどちらを利用するかによって転職結果に違いが発生することが考えられる．営利企業である民間職業紹介では料金が発生するが，民営職業紹介がその解禁以来発展し続けていることを考えると，料金を支払っても利用するメリットが存在していると考えるのが現実的であり，両者で以上のようなマッチング機能の質が異なっている可能性はある．

では仮に民営・公共職業紹介の間でこれら機能の質に違いがあるならば，その違いはなぜ発生するのだろうか．これについては，民営職業紹介と公共職業紹介ではそもそものあり方が違うことに起因する部分が大きいのではないか．公共職業紹介は公的機関であるために，転職を実現させることが難しい求人・求職者についても対応をする責務があるし，むしろそのような者のセーフティーネットとしての役割も強く求められる．一方で民営職業紹介は

営利法人であり、すべての求人・求職者に対応しなければならない法的責任はない。それと同時に民営職業紹介を利用する求人企業としては、採用の対価として仲介手数料を支払う[45]ことから、仲介料コストの回収可能性が高い限界生産性の高い労働者や採用後の訓練コストのかからない即戦力人材を求める場合、または長期的な投資回収が可能な若年者層の求人などに限って民営職業紹介に求人を出していることが予想される。要するに民営職業紹介では公共職業紹介よりも一部の求人・求職に特化したマッチングを行っている可能性がある。このような背景から民営職業紹介と公共職業紹介ではその利用者の特徴がそもそも異なっていることが考えられるが、利用者の特性をコントロールした上でも、民営職業紹介は求人・求職層の特化によって専門性を高めることで、公共職業紹介よりも情報流通の質がより高くなっている可能性はある。

また民営職業紹介では同業他社や広告などの他の競合する転職チャネルとの競争にさらされており、先に述べたような市場優位性を持つ求人・求職を集めることができるかどうかも競争の結果による。そのためサーチ当事者を惹きつける目的から、求人企業や求職者に対するサービスを強化する結果、彼らのサーチコストを削減するような活動が公共職業紹介よりも盛んになっている可能性も考えられる。事実民営職業紹介では面接後の印象を求人企業や求職者双方に確認し、その後の交渉に関する活動の手助けを行っていたり、年収額に関する交渉も民営職業紹介会社が仲介に入り、両者の希望を取りまとめているなど、サーチ活動そのものだけではなく、交渉活動のコスト削減にも一役買っている。

さらに民営職業紹介と公共職業紹介のサーチコスト削減機能や情報流通機能の質の違い以外にも注意しなければならない点がある。特に本章ではマッチング結果の指標のひとつとして転職前後の年収変化に注目しているが、これは民営職業紹介や公共職業紹介の機能の質以外にも、これら経由の違いで産業や職種間移動の発生確率が異なる場合には、その違いを反映して転職前

---

[45] 一般には民営職業紹介会社は求職者から手数料を徴収することが法律で原則禁じられており、仲介した企業から手数料を成功報酬として徴収している。

後の年収変化に異なる影響を及ぼしている可能性がある．というのも，複数の先行研究で産業や職業移動を伴う転職ほど転職後の賃金が下がる傾向が確認されており，民営・公共職業紹介による転職前後の年収への影響の違いがこのような移動によるものなのか，移動が行われた（行われない）場合であっても異なるかどうかを分けて確認する必要がある．この点については小林・阿部（2014）でも配慮されているが，本章でも前現職の産業・職種・企業規模情報をコントロールすることで，移動の状況の違いによらずとも民営・公共職業紹介の転職で転職前後の年収変化への影響がどのように異なるかを見ていく．さらには双方の職業紹介が産業・職業移動にどのような影響を有しているかについても分析を加えていくことにしたい．では公共・民営職業紹介で産業や職種間移動の様子が異なるならその理由はなぜなのか．

　阿部（1996）や岸（1998）では職業移動と転職後の賃金についての分析が行われ，職業移動を伴う転職ほど転職後の賃金が下がりやすいことが指摘されている．また樋口（2001）では専門的職種ほど同一職種転職であれば転職後賃金は下がりにくく，反対にサービス職は同一職種で転職しても賃金が下がりやすいという分析結果が示されている．これら一連の研究では，人的資本理論で言われる特殊的スキルについてさらに具体化された概念である「職種特殊的なスキル」が考えられている．経験を積んだ職種の職種による特殊性が強い場合には，企業を移動したとしても同一職業内であればスキルの持越しが可能であり賃金は下がりにくいが，異なる職種に転じた場合には賃金が下がりやすいため，職業移動は行われにくいことが考えられている．要するに樋口（2001）の結果に基づけば専門的職種ほど職種が変わることのデメリットが大きく，職種間移動が起こりにくいことが予想できる．これを直接分析した研究が戸田（2010）であり，やはり専門職では職業移動が起こりにくいことが分析の結果から指摘されている．このような事実があるのなら，転職後の年収が高いほど高単価に繋がる民営職業紹介ほど，産業や職種移動が起こらないようなマッチングを行っているかもしれない．同様の注意は企業規模についても考えられる．

4.4 分析に使用するデータと具体的分析の枠組み

4.4.1 分析に用いるデータ

　以下では本章で行う分析についての具体的な手続きと分析に使用するデータについて説明を加えていくが，まずは使用するデータの概要と分析で扱う変数について述べていく．

　本章の分析に使用するデータは『ワーキングパーソン調査』(以下 WPS) の 2002 年，2004 年，2006 年，2008 年，2010 年のデータである[46]．この調査は，2004 年以降は首都圏 (東京，神奈川，千葉，埼玉，茨城) 在住の正規社員・正規職員，契約社員・嘱託，派遣，パート・アルバイトなどで就業している 18〜59 歳の男女を対象に行われている．ただしそのうち転職回数と就業経験企業数が合わないサンプルや，収入が平均値＋3×標準偏差を超えるはずれ値サンプル，2002 年調査のみに含まれている首都圏以外の在住者サンプルを分析から除外した．また非正規就業者は家計補助的に仕事をしている者も少なくなく，正規就業の者とは転職行動が異なることが考えられ非正規就業のサンプルも分析から除外し，「前職・現職とも正規社員・正規職員の転職経験がある者」のデータを扱った．最後に民営職業紹介自体が，1999 年の職業安定法改正による原則自由化以降に本格的に利用されてきたこと，操作変数として用いる民営職業紹介業界をカテゴライズした TVCM 数のデータが 2001 年からしか確認できないことから 2000 年以前に転職をした者も除外した．このような手続きのため，本章で推計された分析結果の解釈については注意が必要になる．分析結果は，労働市場全体の労働者の傾向を示すものではない．あくまでも前職・現職正規就業という転職者の中で説明変数が異なる働きを示すかどうかを確認する．また年収については，質問が「昨年一年間の年収について」となっており，一年未満の者の就業期間が分からないため年収を算出することが出来ず，前職に関しても現職に関しても継続年数一年未満のデータについては除外してある．

---

[46] 『ワーキングパーソン調査』(リクルートワークス研究所寄託) の個票データは東京大学社会科学研究所附属日本社会研究情報センター SSJ データアーカイブより提供を受けた．

分析で扱う被説明変数としては，転職前の年収と転職後一年目の年収[47]との対数差や満足度，さらに転職前後の産業移動の有無や転職前後の職業移動の有無を示すダミー変数とする．満足度については五回の調査ともに質問されている「総合的に考えて，あなたは現在の勤務先に入社してよかったと思いますか」との問いに対する四段階の選択回答を「4: 非常に良かったと思う，3: まあ良かったと思う．2: あまり良かったとは思えない，1: 良かったとは思えない」と得点化した．

　また説明変数としては民営・公共職業紹介の利用者の特徴をコントロールするため，転職者の学歴，性別，配偶者の有無，転職時の年齢，転職理由，前職勤務先の産業，前職職業，前職勤務先の企業規模を用いる．これら説明変数は中村（2002）や樋口ほか（2004），黒澤（2005）などでも用いられており先行研究に準じたものとしている．なお，産業や職業についてはWPSでは調査回によって選択肢が異なっていることや選択肢の数が非常に多いことから，総務省統計局の標準産業分類，標準職業分類の大項目に従って変数を纏めている．

　また操作変数には先述した（株）東京企画より提供された首都圏のキー局で放映された民営職業紹介企業の企業イメージアップに関する年間TVCM放映数を用いる．ただしCM放映数は景気と相関する可能性が考えられ，景気は転職結果と相関することからCM数と転職結果が景気を通じて相関する可能性がある．そこで景気の影響をコントロールするため，厚生労働省の「一般職業紹介状況」から各年の月平均有効求人倍率をサンプルの転職年とマッチングさせ転職年の有効求人倍率を説明変数として用いる．分析に用いる基本統計量は表4.1に掲載した．転職後の年収変化については企業特殊的スキルのロスからか，平均でマイナスになっている．また産業移動を伴う転職が

---

[47] 本来であれば転職前後の時間当たり賃金の違いについて分析を行うべきであろうが，WPSの質問には転職後一年目の労働時間に関する質問はなく，時間当たり賃金が計算できない．なお，前職については労働時間に関する質問がされており，前職労働時間については説明変数として用いコントロールする．なおWPSを使用して行われた黒澤（2005）などの先行研究でも転職前後の年収が被説明変数に用いられている．

表 4.1 分析に用いるデータセットの基本統計量

		サンプルサイズ	平均	標準偏差			サンプルサイズ	平均	標準偏差
	前職と転職1年目の年収対数値変化	3325	-0.05	0.34	前職業種属性	製造業	3325	0.16	0.37
	満足度	3237	2.76	0.79		建設業	3325	0.05	0.23
	産業移動有りダミー	3325	0.65	0.48		電気・ガス・熱供給・水道業	3325	0.03	0.16
	職種移動有りダミー	3325	0.34	0.47		情報通信業	3325	0.15	0.36
	転職年の人材業界企業年間CM放映数	3325	1341.56	424.40		卸売業, 小売業	3325	0.14	0.35
	転職年の人材業界企業年間CM放映数	3325	332.68	371.04		金融業, 保険業	3325	0.07	0.26
転職経路	民営紹介	3325	0.09	0.28		不動産業, 物品賃貸業	3325	0.02	0.15
	公共紹介	3325	0.14	0.35		学術研究, 専門・技術サービス業	3325	0.03	0.16
	民営、公共職業紹介以外	3325	0.77	0.42		宿泊業, 飲食サービス業	3325	0.05	0.21
景気変数	転職時の有効求人倍率	3325	0.81	0.19		教育, 学習支援業	3325	0.01	0.12
個人属性	前職年収対数値	3325	5.91	0.56		医療, 福祉	3325	0.05	0.23
	前職労働時間	3325	51.29	13.01		公務(他に分類されるものを除く)	3325	0.01	0.07
	大学, 大学院卒	3325	0.43	0.49		その他	3325	0.22	0.18
	男性ダミー	3325	0.70	0.46	現職業種属性	製造業	3325	0.17	0.38
	転職時年齢	3325	34.02	8.66		建設業	3325	0.07	0.26
	配偶者有ダミー	3325	0.63	0.48		電気・ガス・熱供給・水道業	3325	0.00	0.07
理由転職	会社都合	3325	0.11	0.32		情報通信業	3325	0.12	0.33
	賃金・評価・条件・配置の不満	3325	0.22	0.42		卸売業, 小売業	3325	0.10	0.30
前規模企業	50人未満	3325	0.37	0.48		金融業, 保険業	3325	0.05	0.23
	50人以上300人未満	3325	0.26	0.44		不動産業, 物品賃貸業	3325	0.04	0.19
	300人以上1000人未満	3325	0.15	0.36		学術研究, 専門・技術サービス業	3325	0.05	0.21
	1000人以上	3325	0.22	0.41		宿泊業, 飲食サービス業	3325	0.04	0.19
現規模企業	50人未満	3325	0.41	0.49		教育, 学習支援業	3325	0.02	0.13
	50人以上300人未満	3325	0.27	0.44		医療, 福祉	3325	0.09	0.29
	300人以上1000人未満	3325	0.12	0.33		公務(他に分類されるものを除く)	3325	0.01	0.11
	1000人以上	3325	0.20	0.40		その他	3325	0.22	0.25
前職職種属性	事務職	3325	0.23	0.42					
	専門的・技術的職業従事者	3325	0.29	0.46					
	管理的職業従事者	3325	0.08	0.26					
	販売従事者	3325	0.15	0.36					
	サービス職業従事者	3325	0.11	0.32					
転職直後職種属性	事務職	3323	0.25	0.43					
	専門的・技術的職業従事者	3323	0.30	0.46					
	管理的職業従事者	3323	0.05	0.23					
	販売従事者	3323	0.14	0.35					
	サービス職業従事者	3323	0.10	0.31					

65%と過半数を超えているのに対して職業移動は約34%となっている.

4.4.2 具体的な分析の枠組み

4.4.2.1 転職に伴う職種移動・産業移動に関する分析

分析はまず産業・職業移動の有無について行う. ここでは景気や利用者属性 X_i をコントロールしても民営職業紹介 Y_i が公共職業紹介やその他の転職方法と比べても産業・職業移動を伴う転職を促進しているかどうかについて検討するため (4.17)(4.18) 式のような操作変数 Z_i を用いた線形確率モデルによって確認していく.

$$\Pr(idou=1)=\beta_0+\beta_1 X_i+\beta_2 Y_i+e_i \tag{4.17}$$

$$\Pr(Y_i=1)=\alpha_0+\alpha_1 X+\alpha_2 Z_i+\mu_i \qquad (4.18)$$

実際の分析では，(4.17) 式の被説明変数である idou を前職と現職で産業が異なる転職であった場合に1（前職と現職の産業が同一の転職であれば0）とする場合と，前職と転職直後の職種が異なる転職であった場合に1（同一職種での転職であれば0）とする場合の二通りの分析を行う．Y_i は民営職業紹介を経由した転職のダミー変数である．この変数はこれまでの研究では外生変数として扱われることが多かったが，本章では内生変数として取り扱う[48]．

また先に検討したように，専門職ではそもそも職業移動が行われにくい可能性があり，民営職業紹介ほど一部の求人が多く集まり，それによって専門職経験者を多く転職させている場合には，求職者の属性のコントロールだけでなく民営職業紹介を利用する求人側の特性の違いも考慮する必要がある．ただしWPSは労働者に対するアンケートであり，彼等の転職活動に関係したすべての求人側の情報を説明変数に含めてコントロールすることはできない．そこで次善の策として専門職の求人に転職できた者にサンプルを限定して同様の分析を行う．

4.4.2.2　転職前後の収入変化や満足度に与える影響の分析

次に先行研究でも複数分析されてきた転職前後の年収変化や満足度についての分析も同様に操作変数を用いた以下（4.19）（4.20）の線形モデルの結果から検討していく．

$$\ln(w_{i,after}/w_{i,before})=o_0+o_1 X_i+o_2 Y_i+\varepsilon_i$$
$$\text{or} \qquad (4.19)$$
$$manzokudo=o_4+o_5 X_i+o_6 Y_i+\delta_i$$

$$\Pr(Y=1)=\alpha_0+\alpha_1 X+\alpha_2 Z+\mu \qquad (4.20)$$

---

[48] 本章の分析では前職現職とも正社員のサンプルに限っており，派遣会社を利用して転職している場合は，派遣会社が兼業している職業紹介事業での転職と考えられる為，民営職業紹介を経由して転職が決定した場合に含めている．

しかし (4.17) (4.18) 式で行った分析の結果によっては，民営・公共職業紹介による転職で年収変化や満足度に異なる影響が確認できたとしても，それは産業移動や職業移動の発生可能性が異なることによって生じていることも考えられる．そこでここでは現職とともに前職の産業，職業，企業規模ダミーを用いてコントロールを試みる．

4.5 分析結果

4.5.1 民営，公共職業紹介の利用者の特徴

まずは二段階推計を行う前に，公共職業紹介と民営職業紹介の利用者の特徴にどのような違いがあるかを確認するために，線形確率モデルのOLS推計とProbitモデルの推計をそれぞれ (4.18) 式について単独で行った．なお，WPSの2002～2004年調査に関しては転職活動で利用したすべての転職経路に関する複数回答が確認できるため，民営・公共職業紹介を利用したかどうかの複数回答を用いた分析も加えて行った．これら分析結果の比較により，利用段階で利用者の特徴が異なるのか，転職が決定した者について両者の特徴が異なるのかを確認していく[49]．分析結果は表4.2に掲載した．線形確率モデルによる分析結果の傾向とProbitモデルによる分析結果の傾向とに大きな違いは見られないことから，後に二段階推計でも用いる線形確率モデルの分析結果についてその特徴を述べていくことにしたい．

表4.2より，まず民営職業紹介の利用についての分析結果を見ると，前職年収が高く高学歴な者ほど利用している．また前職の企業規模が300名以上や1,000名以上の大企業出身者ほど利用している．また前職が事務職である者が多く建設業出身者は少ない傾向が見られる．これら特徴は経由決定者の中での分析においても変わらず見られる特徴である．民営職業紹介による転職者の特徴はその利用段階でおおむね特徴的な違いがあると考えられる．一方，利用と経由決定段階で異なる特徴としては，前職が専門職，情報通信業界は経由決定段階においてのみ有意にプラスで，前職が医療業界は有意にマ

---

[49] 二段階推計の分析では，WPS2002～2010全てのサンプルが使用できる「最終的に決定した転職経路」が民営職業紹介であることを内生変数とした分析を行っている．

表4.2　民営，公共職業紹介の利用と経由決定に関する分析

	モデル	LPM	LPM	LPM	LPM	probit	probit	probit	probit
	被説明変数(有1，無0)	民間紹介利用	民間紹介経由決定	公共紹介利用	公共紹介経由決定	民間紹介利用	民間紹介経由決定	公共紹介利用	公共紹介経由決定
	説明変数	係数	係数	係数	係数	限界効果	限界効果	限界効果	限界効果
景気変数	転職時の有効求人倍率	-0.007 [0.146]	0.100 [0.025]***	0.089 [0.216]	0.034 [0.032]	0.011 [0.830]	0.080 [0.189]***	0.086 [0.625]	0.032 [0.145]
個人属性	前職の年収の対数値	0.146 [0.039]***	0.047 [0.010]***	-0.013 [0.057]	-0.024 [0.013]*	0.141 [0.253]***	0.047 [0.098]***	-0.015 [0.167]	-0.022 [0.055]*
	前職労働時間	0.000 [0.001]	0.000 [0.000]	0.001 [0.002]	-0.001 [0.001]*	0.000 [0.006]	0.000 [0.003]	0.001 [0.004]	-0.001 [0.002]**
	大学，大学院卒(大卒，大学院卒以外との比較)	0.064 [0.030]**	0.068 [0.011]***	0.007 [0.045]	-0.057 [0.014]***	0.051 [0.161]*	0.048 [0.079]***	0.007 [0.129]	-0.058 [0.063]***
	男性ダミー	-0.053 [0.037]	-0.012 [0.013]	-0.061 [0.055]	0.036 [0.016]**	-0.066 [0.210]*	-0.015 [0.090]	-0.071 [0.156]	0.034 [0.074]**
	転職時年齢	-0.002 [0.002]	-0.001 [0.001]*	0.004 [0.003]	0.002 [0.001]***	-0.002 [0.011]	-0.001 [0.006]	0.004 [0.007]	0.002 [0.004]**
	配偶者有ダミー	-0.086 [0.028]***	-0.018 [0.011]*	-0.035 [0.042]	-0.035 [0.014]***	-0.081 [0.168]***	-0.015 [0.076]**	-0.058 [0.120]	-0.033 [0.061]***
転職理由	会社都合	-0.017 [0.038]	0.015 [0.016]	0.083 [0.056]	0.033 [0.020]	-0.015 [0.230]	0.014 [0.116]	0.089 [0.155]	0.029 [0.087]
	賃金・評価・条件・配置の不満	0.008 [0.031]	0.005 [0.012]	0.019 [0.045]	0.002 [0.015]	0.008 [0.178]	0.006 [0.086]	0.024 [0.131]	0.003 [0.068]
前職業種属性（製造業との比較）	建設業	-0.083 [0.049]*	-0.038 [0.022]*	0.038 [0.072]	0.012 [0.029]	-0.069 [0.343]**	-0.035 [0.204]	0.044 [0.204]	0.009 [0.124]
	電気・ガス・熱供給・水道業	-0.146 [0.160]	-0.030 [0.030]	0.405 [0.236]*	-0.038 [0.039]	0.031 [0.263]	0.025 [0.094]**	-0.018 [0.237]	-0.018 [0.092]
	情報通信業	0.063 [0.054]	0.046 [0.015]***	-0.012 [0.080]	-0.016 [0.019]	-0.058 [0.264]*	-0.017 [0.115]	0.127 [0.179]*	0.006 [0.087]
	卸売業，小売業	-0.076 [0.044]*	-0.023 [0.015]	0.131 [0.065]**	0.002 [0.020]	-0.050 [0.296]	-0.004 [0.142]	-0.074 [0.246]	0.009 [0.118]
	金融業，保険業	-0.058 [0.057]	0.021 [0.021]	-0.068 [0.084]	0.007 [0.027]	-0.055 [0.418]	-0.002 [0.247]	-0.178 [0.336]*	0.020 [0.188]
	不動産業，物品賃貸業	-0.097 [0.075]	-0.008 [0.033]	-0.184 [0.110]	0.018 [0.043]	-0.042 [0.309]	-0.008 [0.212]	-0.083 [0.251]	-0.072 [0.215]*
	学術研究，専門・技術サービス業	-0.050 [0.057]	-0.014 [0.030]	-0.077 [0.086]	-0.070 [0.039]*	0.044 [0.321]	0.034 [0.192]	0.045 [0.237]	0.004 [0.141]
	宿泊業，飲食サービス業	0.043 [0.056]	0.024 [0.024]	0.045 [0.083]	0.006 [0.031]	-0.050 [0.659]	-0.028 [0.351]	0.228 [0.424]	0.050 [0.224]
	教育，学習支援業	-0.051 [0.103]	-0.058 [0.041]	0.220 [0.152]	0.049 [0.051]	-0.026 [0.312]	-0.045 [0.239]***	-0.028 [0.256]	0.029 [0.127]
	医療，福祉	-0.037 [0.055]	-0.072 [0.023]***	-0.027 [0.086]	0.029 [0.030]	0.031 [0.533]	—	0.016 [0.524]	0.064 [0.363]
	公務(他に分類されるものを除く)	0.057 [0.118]	-0.127 [0.067]*	0.015 [0.174]	0.046 [0.086]	-0.072 [0.379]**	-0.023 [0.267]	-0.073 [0.226]	-0.029 [0.165]
	その他	-0.102 [0.053]*	-0.030 [0.027]	-0.074 [0.078]	-0.035 [0.035]	0.067 [0.282]	0.106 [0.184]***	-0.066 [0.187]	-0.013 [0.095]
前職以外業種属性との比較（右記）	専門的・技術的職業従事者	0.062 [0.044]	0.063 [0.017]***	-0.056 [0.065]	-0.012 [0.021]	0.044 [0.367]	0.065 [0.219]**	0.121 [0.251]	-0.004 [0.131]
	管理的職業従事者	0.011 [0.061]	0.014 [0.023]	0.110 [0.089]	-0.004 [0.029]	0.108 [0.293]*	0.125 [0.187]**	0.110 [0.199]	0.025 [0.100]
	事務職	0.083 [0.048]*	0.072 [0.018]***	0.105 [0.071]	0.027 [0.023]	0.095 [0.302]**	0.086 [0.196]***	0.132 [0.203]*	-0.009 [0.110]
	販売従事者	0.068 [0.049]	0.029 [0.019]	0.123 [0.072]*	-0.006 [0.024]	0.001 [0.355]	0.004 [0.247]	-0.086 [0.209]	-0.027 [0.114]
	サービス職業従事者	0.007 [0.049]	-0.003 [0.020]	-0.084 [0.072]	-0.030 [0.024]	0.016 [0.203]	0.022 [0.098]**	-0.081 [0.137]*	-0.024 [0.070]
前職規模（5人未満との比較）	50人以上300人未満	0.011 [0.033]	0.016 [0.012]	-0.081 [0.048]*	-0.027 [0.016]*	0.058 [0.199]**	0.030 [0.095]**	-0.165 [0.165]**	-0.027 [0.088]
	300人以上1000人未満	0.070 [0.038]*	0.027 [0.015]*	-0.169 [0.056]***	-0.031 [0.019]	0.068 [0.224]*	0.057 [0.098]**	-0.138 [0.171]**	-0.054 [0.082]***
	1000人以上	0.070 [0.040]*	0.066 [0.014]***	-0.138 [0.058]**	-0.056 [0.017]***	—	0.002 [0.194]	0.426 [0.720]	-0.012 [0.187]
	定数項	-0.659 [0.226]***	-0.300 [0.060]***	0.296 [0.334]	0.288 [0.078]*	—	—	—	—
	サンプルサイズ	670	3,325	670	3,325	666	3,308	670	3,325
	調整済R2	0.1158	0.0855	0.0928	0.0285				
	F値	2.88	10.36	2.25	3.4				

注1: ***は1％水準，**は5％水準，*は10％水準で有意であることを示す．
注2: [ ]内の値は標準誤差
注3: 利用についてはデータが存在する2002〜2004年のデータサンプルで推計．

イナスとなっている．これらについては利用求職者については特徴的でないものの，経由決定段階で差が生まれており，求人側の特徴を反映したものであろう．

次に公共職業紹介について分析結果を見てみると，まず利用段階では1,000名以上の大企業出身者が少ないという特徴が見られるが，有意となる変数が非常に少ない．一方で公共職業紹介を経由決定した者についての分析結果を見ると，前職年収や学歴が低く，転職時年齢が高いなどの特徴が見られる．また学術研究専門技術サービス業界や1,000名以上の大企業の出身者が少なくなっている．これより公共職業紹介ではその経由決定段階で転職者の特徴が明確に異なってくるこという結果になっている．中村（2002）でも公共職業紹介についてはほぼ同様の分析が行われているが，中村（2002）では利用段階でも公共職業紹介では中小企業出身者が多く学歴も比較的低学歴であることが指摘され，利用段階における分析結果の傾向も経由決定段階の傾向もあまり変わらないという結果を示しており，本章の結果とは利用段階については異なっている．本章の利用段階の分析ではサンプル数が少ないことや，中村（2002）で使用しているデータは1999年調査であり2001年以降の転職者は含まれてこないなどの違いによると考えられる．ただし本章の分析からでも民営職業紹介と公共職業紹介との比較においては，利用段階でも経由決定段階でも前職の年収や学歴，前職の企業規模などで転職者の特徴に違いがあることが確認できた．民営職業紹介では一部の転職市場で取引価値の高い者が多く集まっていると思われる一方で，公共職業紹介では広い層の利用者を集めながらも転職市場で不利と思われる者が多く決定していることから，公共職業紹介は転職市場におけるセーフティーネットの役割が果たされていることが考えられる．

また，公共職業紹介は民営職業紹介と異なり利用段階ではなく決定段階において転職者の特徴が明確になってくることから，転職結果の分析を行う際には，公共職業紹介を経由して転職できた者の特徴をコントロールすることが重要になってくると思われる．一方民営職業紹介では，利用段階も決定段階も転職者の特性が似ておりどちらでコントロールを行っても転職結果の分析結果はあまり変わらないことが予想される．そこで民営職業紹介について

も多くのサンプル数を確保できる経由決定を内生変数とし，二段階推計を行っていく．

4.5.2 民営，公共紹介が産業，職業，規模間移動に与える影響

続いて (4.17) (4.18) 式の二段階推計の分析結果から民営，公共職業紹介のマッチングが産業・職業間移動に与える影響を検討する．ここでは二段階推計以外に操作変数を用いない (4.17) 式のみについての線形確率モデルの推計も行う．また二段階推計における操作変数の弱相関の問題や除外変数として適切かどうかなどの問題[50]について検定を行い，操作変数として適切と考えられれば内生性の問題の存在について Wu-Hausman 検定から確認を行う．各種の検定の結果，操作変数が有効であり内生性の問題の存在が確認できれば二段階推計の結果から，操作変数が有効であっても外生性が否定できないか，操作変数が有効でないならば OLS による線形確率モデルの結果から民営・公共職業紹介の特徴について検討していく．分析の結果は表 4.3 に掲載した．

まずは分析に用いた操作変数の問題についての確認から行っていく．産業移動の分析 (2SLS) については，弱相関の問題については無相関の仮説が棄却される結果となっているが，除外変数としての検定については民営職業紹介を経由した転職ではなくとも CM 数が直接産業移動と相関するという結果になっており，操作変数として正しくないことが確認できる．民営職業紹介産業の CM 数が他業種から民営職業紹介産業への産業移動を直接促進してしまっていることは考えられ，これが産業移動を分析する上での操作変数としては適さない理由と考えられる．

一方で職業移動の分析 (2SLS) については，CM 数が民営職業紹介経由の

---

[50] 本章では一つの操作変数を用いており Sargan 検定は行えないことから，代わりに Angrist and Pischke (2008) で提案されている方法を行う．CM 数は民営職業紹介による転職には相関するが，民営職業紹介を経由しない場合にはセクター間移動など転職結果には直接相関しないと仮定される．そこで民営職業紹介を経由していない転職者にサンプルを絞り CM 数が直接転職結果に有意な影響を持つかどうかを推定する．もし仮定のとおり操作変数として正しいならば，CM 数は転職結果に有意な影響をもたないはずである．

表4.3 転職経路ごとの産業移動と職業移動への影響分析

		OLS	OLS	OLS	OLS	2SLS	2SLS	2SLS	2SLS
	被説明変数(移動有=1、なし=0)	産業移動	産業移動	職業(前職ー転職直後)移動	職業(前職ー転職直後)移動	産業移動	産業移動	職業(前職ー転職直後)移動	職業(前職ー転職直後)移動
	説明変数	係数	係数	係数	係数	係数	係数	係数	係数
個人属性	民営紹介	-0.029 [0.029]	-0.082 [0.035]**	-0.059 [0.030]**	-0.113 [0.036]***	1.947 [1.162]*	2.611 [1.714]	-0.718 [0.825]	-1.007 [1.140]
	公共紹介	0.053 [0.023]**	–	0.054 [0.023]**	–	0.215 [0.101]**	–	0.000 [0.072]	–
	民営、公共紹介以外	–	-0.053 [0.023]**	–	-0.054 [0.023]**	–	0.920 [0.620]	–	-0.377 [0.412]
	前職の年収の対数値	-0.037 [0.016]**	-0.037 [0.016]**	-0.057 [0.017]***	-0.057 [0.017]***	-0.127 [0.058]**	-0.142 [0.072]**	-0.027 [0.041]	-0.022 [0.048]
	転職時年齢	0.001 [0.001]	0.001 [0.001]	-0.002 [0.001]**	-0.002 [0.001]**	0.003 [0.002]	0.005 [0.003]	-0.003 [0.001]**	-0.004 [0.002]*
前職業種属性(製造業との比較)	建設業	-0.211 [0.037]***	-0.211 [0.037]***	-0.017 [0.038]	-0.017 [0.038]	-0.138 [0.071]*	-0.134 [0.079]*	-0.042 [0.051]	-0.043 [0.052]
	電気・ガス・熱供給・水道業	0.257 [0.050]***	0.257 [0.050]***	-0.074 [0.051]	-0.074 [0.051]	0.258 [0.077]***	0.249 [0.083]***	-0.075 [0.054]	-0.072 [0.055]
	情報通信業	0.004 [0.025]	0.004 [0.025]	-0.012 [0.025]	-0.012 [0.025]	-0.084 [0.065]	-0.091 [0.073]	0.018 [0.046]	0.020 [0.049]
	卸売業,小売業	0.039 [0.025]	0.039 [0.025]	0.004 [0.026]	0.004 [0.026]	0.083 [0.047]*	0.080 [0.050]	-0.012 [0.034]	-0.010 [0.033]
	金融業,保険業	0.044 [0.034]	0.044 [0.034]	0.022 [0.035]	0.022 [0.035]	0.060 [0.054]	0.065 [0.059]	0.016 [0.038]	0.015 [0.039]
	不動産業,物品賃貸業	-0.035 [0.055]	-0.035 [0.055]	-0.098 [0.056]*	-0.098 [0.056]*	-0.022 [0.086]	-0.004 [0.094]	-0.102 [0.060]*	-0.108 [0.063]*
	学術研究,専門・技術サービス業	-0.105 [0.050]**	-0.105 [0.050]**	-0.080 [0.051]	-0.080 [0.051]	-0.066 [0.080]	-0.150 [0.087]*	-0.093 [0.057]	-0.065 [0.058]
	宿泊業,飲食サービス業	-0.018 [0.041]	-0.018 [0.041]	-0.052 [0.041]	-0.052 [0.041]	-0.067 [0.069]	-0.054 [0.071]	-0.036 [0.049]	-0.040 [0.047]
	教育,学習支援業	0.084 [0.069]	0.084 [0.069]	0.081 [0.070]	0.081 [0.070]	0.190 [0.123]	0.231 [0.148]	0.045 [0.087]	0.031 [0.099]
	医療,福祉	-0.415 [0.038]***	-0.415 [0.038]***	-0.105 [0.039]***	-0.105 [0.039]***	-0.278 [0.100]***	-0.264 [0.116]**	-0.151 [0.071]**	-0.155 [0.077]**
	公務(他に分類されるものを除く)	-0.021 [0.111]	-0.021 [0.111]	0.161 [0.113]	0.161 [0.113]	0.222 [0.223]	0.243 [0.250]	0.079 [0.158]	0.073 [0.166]
	その他	-0.071 [0.045]	-0.071 [0.045]	-0.014 [0.046]	-0.014 [0.046]	-0.006 [0.080]	-0.053 [0.077]	-0.036 [0.057]	-0.020 [0.051]
前職以外属性との比較(右記)	専門的・技術的職業従事者	0.038 [0.028]	0.038 [0.028]	-0.186 [0.028]***	-0.186 [0.028]***	-0.085 [0.084]	-0.083 [0.090]	-0.145 [0.060]**	-0.146 [0.060]**
	管理的職業従事者	0.091 [0.038]**	0.091 [0.038]**	0.121 [0.038]***	0.121 [0.038]***	0.065 [0.060]	0.065 [0.065]	0.130 [0.042]***	0.130 [0.043]***
	事務職	0.166 [0.030]***	0.166 [0.030]***	-0.149 [0.030]***	-0.149 [0.030]***	0.019 [0.098]	0.068 [0.080]	-0.100 [0.070]	-0.117 [0.053]**
	販売従事者	0.065 [0.032]**	0.065 [0.032]**	0.001 [0.032]	0.001 [0.032]	0.009 [0.059]	0.009 [0.063]	0.019 [0.042]	0.019 [0.042]
	サービス職業従事者	0.010 [0.033]	0.010 [0.033]	0.023 [0.034]	0.023 [0.034]	0.021 [0.052]	-0.014 [0.057]	0.019 [0.036]	0.030 [0.038]
	定数項	0.694 [0.101]***	0.747 [0.102]***	0.866 [0.103]***	0.920 [0.104]***	1.240 [0.356]***	0.570 [0.204]***	0.685 [0.252]***	0.979 [0.135]***
	サンプルサイズ	3325	3325	3323	3323	3325	3325	3323	3323
弱相関検定	1段階目の操作変数検定のF値					4.920	3.806	4.866	3.799
	P値					0.027	0.051	0.028	0.051
除外制約検定	民間紹介経由を省いた場合のCM放映数の移動への係数			0.000 [0.000]***	0.000 [0.000]***	0.000	0.000	0.000	0.000
内生性検定	Wu-Hausman F test F値	–	–	–	–	–	–	0.728	0.728
	P値							0.394	0.394
	1段階目の誤差項を2段階目の推計に説明変数として用いた際の係数	–	–	–	–	–	–	0.657 [0.770]	0.895 [1.050]

注1: *** は1%水準, ** は5%水準, * は10%水準で有意であることを示す.
注2: [ ]内の値は標準誤差
注3: 他に転職理由, 前職規模, 有配偶, 男性, 学歴ダミー, 転職時有効求人倍率, 前職労働時間を分析にふくめている.

第4章　民間職業紹介活用の効果とは

転職に無相関であるという仮説が棄却されており，CM 数自体が直接職業移動と有意に相関する様子も確認できないことから，操作変数としておおむね適当であると判断する．しかし CM 数を操作変数として内生性の検定を行った結果，内生変数と仮定した民営職業紹介による転職決定は外生であるという仮説を棄却できない結果になっている．さらに (4.18) 式の推計で得られた誤差項 μ_i を (4.17) 式の説明変数に加えて推計を行ってみても有意な影響は示されなかったことから，内生性の問題を強く主張できない結果となっている．そこで職業移動の分析についても (4.17) の線形確率モデル（表 4.3 における OLS）の結果から解釈を検討していくこととする．

　表 4.3 の OLS の推計から転職経路の産業移動への効果を見ると，参照グループを民営・公共職業紹介以外とした場合には民営職業紹介は有意な結果を示さず，公共職業紹介は有意にプラスとなっている．また参照グループを公共職業紹介とした場合には民営職業紹介も民営・公共職業紹介以外の転職経路も有意にマイナスとなっている．公共職業紹介は民営職業紹介やその他の転職経路よりも産業移動が促進されており，民営職業紹介はその他の転職経路と無差別であるという結果が示されている．ただし産業移動の分析については内生性の問題の確認作業自体ができなかった．産業移動についてはデータから確認できない利用者の特徴の違いによってこのような結果が示された可能性は残される．

　次に職業移動についての分析結果を表 4.3 の OLS の推計結果から確認していく．参照グループをその他の転職経路にした場合は，民営職業紹介による転職では職業移動が有意にマイナスとなり，公共職業紹介では有意にプラスとなっている．また参照グループを公共職業紹介にした場合についても民営職業紹介は有意にマイナスとなっており，係数の値はその他の転職経路を参照グループにした場合よりも大きくなっている．またその他の転職経路は有意にマイナスとなっているが係数の値は民営職業紹介よりも小さい．これらの結果は，民営職業紹介では公共職業紹介やその他の経路よりも職業移動が抑制[51]されやすく，公共職業紹介は民営職業紹介やその他の経路よりも職業

---

[51] (4.17) 式のプロビット分析や，(4.17) (4.18) 式を同時決定と仮定した biprobit 分析

移動が促進されやすいことを示している．先の分析では公共職業紹介経由転職者ほど転職市場で不利な特徴を持っている様子が見られたが，もしかしたら公共職業紹介では職業移動を伴う転職先が求職者に望まれないものだとしても求職者の留保賃金を下げるような働きかけを行い，需要の高い分野への分野間移動を実現させている可能性も考えられる．一方民営職業紹介では移動を発生させないようなマッチングを行っている可能性も，民営職業紹介経由転職者の職種特殊スキルの違いが反映され，職業移動が少ない結果となっている可能性もある．先の分析では民営職業紹介の利用段階では特に専門職出身者が多い様子が見られなかったが，決定段階において専門職が多くなっている特徴が見られた事を考えると，民営職業紹介ほど専門職求人が多く集まり，前職専門職が多く転職決定し，職業移動が抑制されているように見えてしまっていることも考えられる．そこでサンプルを専門職の求人に転職できた者に限定して職業移動についての線形確率モデルの分析を行うとともに事務職や販売・サービス職に転職した者に限定した場合についても分析し結果を表4.4に掲載した．

表4.4を見ると，専門職の求人に転職した者に限定した場合には，民営職業紹介は有意にマイナスの結果を共通に示している．また事務職に転職した者に限定した場合には，公共職業紹介との比較においては民営職業紹介が有意にならないが，その他の経路との比較においては民営職業紹介のみ有意にマイナスとなっている．さらに販売・サービス職に転職した者に限定した場合には，公共職業紹介は共通して有意にプラスとなり，他職種から販売・サービス職への移動を促進させている様子が見られる．対して民営職業紹介はその他経路との比較においては有意な影響が見られないものの，公共職業紹介との比較においては有意にマイナスとなり，マイナスの絶対値もその他経路の値より大きくなっている．やはりこれら職種を問わず民営職業紹介を経由するほど職種移動が見られにくく，その仲介行為の影響によって職種移動が抑制されていることが疑われる[52]．

も行ったが，得られる結果の傾向に大きな違いはなく，やはり民営職業紹介経由の転職では職種移動が有意にマイナスとなっていた．

[52] 同様に前職が専門職，事務職，販売・サービス職に限定した分析も行ったが，専門

第4章　民間職業紹介活用の効果とは

表4.4　専門職に限定した転職経路と産業，職業移動への影響分析

	モデル	OLS	OLS	OLS	OLS	OLS	OLS
	被説明変数（移動有＝1、なし＝0）	職業（前職－転職直後）移動		職業（前職－転職直後）移動		職業（前職－転職直後）移動	
	サンプル	転職直後 専門職のみ		転職直後 事務職のみ		転職直後 販売・サービス職のみ	
	説明変数	係数	係数	係数	係数	係数	係数
	民営紹介	−0.136 [0.043]***	−0.166 [0.054]***	−0.088 [0.049]*	−0.064 [0.061]	−0.055 [0.059]	−0.122 [0.067]*
	公共紹介	0.031 [0.038]	−	−0.024 [0.044]	−	0.067 [0.034]*	−
	民営，公共紹介以外	−	−0.031 [0.038]	−	0.024 [0.044]	−	−0.067 [0.034]*
景気変数	転職時の有効求人倍率	−0.147 [0.068]**	−0.147 [0.068]**	−0.098 [0.091]	0.098 [0.091]	−0.041 [0.041]	−0.041 [0.041]
個人属性	前職の年収の対数値	−0.101 [0.028]***	−0.101 [0.028]***	−0.023 [0.028]	−0.023 [0.028]	0.044 [0.016]***	0.044 [0.016]***
	前職労働時間	0.000 [0.001]	0.000 [0.001]	0.007 [0.002]***	0.007 [0.002]***	−0.001 [0.001]	−0.001 [0.001]
	大学、大学院卒（大卒、大学院卒以外との比較）	0.036 [0.028]	0.036 [0.028]	−0.040 [0.037]	−0.040 [0.037]	−0.037 [0.025]	−0.037 [0.025]
	男性ダミー	−0.004 [0.034]	−0.004 [0.034]	0.042 [0.039]	0.042 [0.039]	−0.133 [0.023]***	−0.133 [0.023]***
	転職時年齢	−0.003 [0.002]	−0.003 [0.002]	−0.004 [0.002]	−0.004 [0.002]	0.001 [0.001]	0.001 [0.001]
	配偶者有ダミー	0.007 [0.028]	0.007 [0.028]	−0.031 [0.035]	−0.031 [0.035]	0.003 [0.020]	0.003 [0.020]
転職理由	会社都合	−0.126 [0.046]***	−0.126 [0.046]***	−0.092 [0.052]*	−0.092 [0.052]*	−0.002 [0.033]	−0.002 [0.033]
	賃金・評価・条件・配置の不満	−0.099 [0.031]***	−0.099 [0.031]***	−0.021 [0.044]	−0.021 [0.044]	−0.088 [0.024]***	−0.088 [0.024]***
	前職産業ダミー	Yes	Yes	Yes	Yes	Yes	Yes
	前職企業規模ダミー	Yes	Yes	Yes	Yes	Yes	Yes
	定数項	1.125 [0.173]***	1.156 [0.173]***	0.306 [0.181]*	0.313 [0.183]	0.313 [0.089]***	0.380 [0.096]***
	サンプルサイズ	1007	1007	817	817	2599	2599

注1：***は1％水準，**は5％水準，*は10％水準で有意であることを示す．
注2：[ ]内の値は標準誤差

4.5.3　民営，公共紹介が転職後の年収変化や満足度に与える影響

次に転職前後の年収の変化と転職後の満足度が民営・公共職業紹介のマッチングの影響で異なりうるかについて検討して行く．まずは先述した (4.19) (4.20) 式について転職前後の年収変化についての分析を行い，結果を表4.5に掲載した．

ここでもまずは分析に用いた操作変数の妥当性についての確認から行って

職以外ではやはり同様の結果が示された．公共職業紹介との比較においては民営職業紹介ほどマッチングそのものの影響で職種移動が抑制されやすい傾向はあると思われる．

表4.5 転職経路ごとの転職前後年収変化への影響分析

	モデル	OLS	OLS	OLS	OLS	2SLS	2SLS	2SLS	2SLS
	被説明変数	前職と転職1年目の年収の対数差	前職と転職1年目の年収の対数差	前職と転職1年目の年収の対数差	前職と転職1年目の年収の対数差	前職と転職1年目の年収の対数差	前職と転職1年目の年収の対数差	前職と転職1年目の年収の対数差	前職と転職1年目の年収の対数差
	サンプル	全サンプル							
	説明変数	係数	係数	係数	係数	係数	係数	係数	係数
転職経路(その他経路との比較)	民営紹介	0.070 [0.020]***	0.059 [0.020]***	0.118 [0.024]***	0.103 [0.024]***	0.447 [0.543]	0.478 [0.559]	0.632 [0.751]	0.650 [0.739]
	公共紹介	-0.048 [0.016]***	-0.044 [0.016]***	–	–	-0.017 [0.047]	-0.008 [0.050]	–	–
	民営、公共職業紹介以外	–	–	0.048 [0.016]***	0.048 [0.016]***	–	–	0.233 [0.272]	0.241 [0.267]
景気変数	転職時の有効求人倍率	-0.014 [0.028]	-0.021 [0.028]	-0.014 [0.028]	-0.021 [0.028]	-0.052 [0.063]	-0.060 [0.060]	-0.040 [0.049]	-0.048 [0.048]
個人属性	前職の年収の対数値	-0.174 [0.011]***	-0.182 [0.011]***	-0.174 [0.011]***	-0.182 [0.011]***	-0.192 [0.027]***	-0.199 [0.026]***	-0.194 [0.032]***	-0.201 [0.029]***
	前職労働時間	-0.001 [0.000]***	-0.001 [0.000]***	-0.001 [0.000]***	-0.001 [0.000]***	-0.001 [0.000]**	-0.001 [0.000]*	-0.001 [0.001]**	-0.001 [0.001]**
	大学、大学院卒 (大卒、大学院卒以外との比較)	0.068 [0.012]***	0.055 [0.013]***	0.068 [0.012]***	0.055 [0.013]***	0.044 [0.037]	0.031 [0.034]	0.035 [0.050]	0.024 [0.043]
	男性ダミー	0.130 [0.014]***	0.120 [0.015]***	0.130 [0.014]***	0.120 [0.015]***	0.134 [0.016]***	0.123 [0.017]***	0.141 [0.022]***	0.131 [0.022]***
	転職時年齢	-0.005 [0.001]***	-0.005 [0.001]***	-0.005 [0.001]***	-0.005 [0.001]***	-0.005 [0.001]***	-0.005 [0.001]***	-0.004 [0.001]***	-0.004 [0.001]***
	配偶者有ダミー	0.027 [0.012]**	0.027 [0.012]**	0.027 [0.012]**	0.027 [0.012]**	0.034 [0.017]**	0.036 [0.017]**	0.026 [0.013]**	0.027 [0.013]**
転職理由	会社都合	-0.024 [0.018]	-0.021 [0.018]	-0.024 [0.018]	-0.021 [0.018]	-0.031 [0.021]	-0.026 [0.020]	-0.023 [0.019]	-0.020 [0.019]
	賃金・評価・条件・配置の不満	0.076 [0.013]***	0.074 [0.013]***	0.076 [0.013]***	0.074 [0.013]***	0.074 [0.014]***	0.073 [0.014]***	0.075 [0.014]***	0.073 [0.014]***
	前職の産業ダミー	Yes	Yes	Yes	Yes	Yes	Yes	Yes	Yes
	前職の職種ダミー	Yes	Yes	Yes	Yes	Yes	Yes	Yes	Yes
	前職の企業規模ダミー	Yes	Yes	Yes	Yes	Yes	Yes	Yes	Yes
	現職の産業ダミー	–	Yes	–	Yes	–	Yes	–	Yes
	転職直後の職種ダミー	–	Yes	–	Yes	–	Yes	–	Yes
	現職の企業規模ダミー	–	Yes	–	Yes	–	Yes	–	Yes
	定数項	1.088 [0.069]***	1.110 [0.070]***	1.041 [0.070]***	1.066 [0.071]***	1.193 [0.167]***	1.217 [0.161]***	1.007 [0.089]***	1.025 [0.094]***
	サンプルサイズ	3,325	3,323	3,325	3,323	3,325	3,323	3,325	3,323
	調整済R2	0.1682	0.1907	0.1682	0.1907	0.0829	0.1058	0.0526	0.0619
弱相関検定	1段階目の操作変数検定のF値					4.920	4.698	3.806	3.932
	P値					0.027	0.030	0.051	0.048
除外制約検定	民間紹介を経由を省いた場合のJM値					0	0	0	0
	映数の収入変化への係数					[0.000]	[0.000]	[0.000]	[0.000]
内生性検定	Wu-Hausman F test F値					0.560	0.714	0.714	0.001
	P値					0.454	0.398	0.398	0.972
	1段階目の誤差項を2段階目の推計に説明変数として用いた際の係数					-0.3775 [0.519]	-0.4189 [0.529]	-0.5144 [0.707]	-0.5478 [0.692]

注1: ***は1%水準，**は5%水準，*は10%水準で有意であることを示す．
注2: [ ]内の値は標準誤差

いく．2SLSの操作変数の検定結果を見ると，弱相関の問題については無相関の仮説が棄却される結果となり除外変数の問題も確認されない．しかしこの操作変数を用いた内生性の検定では，ここでも内生変数として考えた民営職業紹介経由転職の外生性が棄却できない結果となっていることから主にOLSの分析結果から傾向を見ていくこととする．

　OLS分析の結果を見ると，民営職業紹介による転職はすべてにおいて転職前後の年収変化を有意に高めている．また係数の大きさは特に公共職業紹

表 4.6 転職経路ごとの転職後満足度への影響分析

	モデル	OLS	OLS	OLS	OLS	2SLS	2SLS	2SLS	2SLS
	被説明変数	満足度	満足度	満足度	満足度	満足度	満足度	満足度	満足度
	サンプル	全サンプル							
	説明変数	係数	係数	係数	係数	係数	係数	係数	係数
転職経路（その他経路との比較）	民営紹介	−0.011 [0.054]	0.007 [0.054]	−0.002 [0.065]	0.002 [0.066]	−0.653 [1.204]	−0.621 [1.216]	−0.904 [1.704]	−0.838 [1.634]
	公共紹介	−0.008 [0.042]	0.005 [0.043]	−	−	−0.057 [0.101]	−0.046 [0.107]	−	−
	民営，公共職業紹介以外	−	−	0.008 [0.042]	−0.005 [0.043]	−	−	−0.325 [0.630]	−0.314 [0.603]
景気変数	転職時の有効求人倍率	−0.115 [0.076]	−0.105 [0.077]	−0.115 [0.076]	−0.105 [0.077]	−0.040 [0.161]	−0.038 [0.151]	−0.058 [0.133]	−0.053 [0.127]
個人属性	前職の年収の対数値	−0.106 [0.031]***	−0.104 [0.032]***	−0.106 [0.031]***	−0.104 [0.032]***	−0.090 [0.045]**	−0.090 [0.042]**	−0.093 [0.041]**	−0.093 [0.038]**
	現職の年収の対数値	0.248 [0.046]***	0.233 [0.048]***	0.248 [0.046]***	0.233 [0.048]***	0.291 [0.093]***	0.272 [0.089]***	0.323 [0.150]***	0.300 [0.138]***
	前職労働時間	0.001 [0.001]	0.001 [0.001]	0.001 [0.001]	0.001 [0.001]	0.001 [0.001]	0.001 [0.001]	0.001 [0.001]	0.001 [0.001]
	大学，大学院卒（大卒，大学院卒以外との比較）	0.012 [0.034]	0.004 [0.035]	0.012 [0.034]	0.004 [0.035]	0.044 [0.070]	0.032 [0.066]	0.056 [0.091]	0.041 [0.080]
	男性ダミー	−0.195 [0.040]***	−0.191 [0.043]***	−0.195 [0.040]***	−0.191 [0.043]***	−0.213 [0.054]***	−0.210 [0.056]***	−0.233 [0.084]***	−0.229 [0.085]***
	転職時年齢	−0.008 [0.002]***	−0.007 [0.002]***	−0.008 [0.002]***	−0.007 [0.002]***	−0.008 [0.002]***	−0.008 [0.003]***	−0.009 [0.004]**	−0.008 [0.004]**
	配偶者有ダミー	0.161 [0.033]***	0.165 [0.033]***	0.161 [0.033]***	0.165 [0.033]***	0.150 [0.039]***	0.155 [0.039]***	0.162 [0.034]***	0.165 [0.034]***
転職理由	会社都合	−0.125 [0.049]**	−0.119 [0.049]**	−0.125 [0.049]**	−0.119 [0.049]**	−0.113 [0.055]**	−0.111 [0.053]**	−0.129 [0.051]**	−0.122 [0.050]**
	賃金・評価・条件・配置の不満	−0.097 [0.036]***	−0.086 [0.036]**	−0.097 [0.036]***	−0.086 [0.036]**	−0.097 [0.037]***	−0.087 [0.037]**	−0.105 [0.040]***	−0.093 [0.039]**
	前職の産業ダミー	Yes	Yes	Yes	Yes	Yes	Yes	Yes	Yes
	前職の職種ダミー	Yes	Yes	Yes	Yes	Yes	Yes	Yes	Yes
	前職の企業規模ダミー	Yes	Yes	Yes	Yes	Yes	Yes	Yes	Yes
	現職の産業ダミー	−	Yes	−	Yes	−	Yes	−	Yes
	転職直後の職種ダミー	−	Yes	−	Yes	−	Yes	−	Yes
	現職の企業規模ダミー	−	Yes	−	Yes	−	Yes	−	Yes
	定数項	2.26 [0.270]***	2.27 [0.276]***	2.25 [0.269]***	2.27 [0.275]***	1.91 [0.712]***	1.95 [0.665]***	2.01 [0.522]***	2.08 [0.463]***
	サンプルサイズ	2,889	2,889	2,889	2,889	2,889	2,889	2,889	2,889
弱相関検定	1段階目の操作変数検定のF値					5.947	5.847	4.418	4.764
	P値					0.015	0.016	0.036	0.029
除外制約検定	民間紹介を経由を省いた場合のCM放					0.000 [0.000]	0.000 [0.000]	0.000 [0.000]	0.000 [0.001]
	映数の収入変化への係数								
内生性検定	Wu-Hausman F test F値					0.289	0.275	0.275	0.017
	P値					0.591	0.600	0.600	0.896
	1段階目の誤差項を2段階目の推計に説明変数として用いた際の係数					0.733 [1.348]	1.039 [0.896]	0.999 [1.837]	1.157 [1.348]

注1：*** は 1％水準，** は 5％水準，* は 10％水準で有意であることを示す．
注2：[ ] 内の値は標準誤差

介との比較において大きくなっている．一方で公共職業紹介はその他の経路と比べても有意にマイナスとなっている．これらの結果は先行研究で指摘されている結果と整合的である．このたびの操作変数による分析では内生性の問題が主張できず，分析結果の傾向も通常の回帰分析による中村（2002）や児玉ほか（2004）と大差なく，DID Matching 法による小林・阿部（2014）ともあまり変わらない．よって民営職業紹介による転職ほど年収が高まりやす

く，公共職業紹介による転職ほどマイナスになりやすいというこれまでの研究による指摘は妥当なものではないかと思われる．ただし，小林・阿部（2014）では公共職業紹介のマイナスの影響は企業規模の下方移動の影響を考慮すると見られなくなるとも指摘されており，この点はこのたびの分析結果と異なる点である．前現職の企業規模ダミーを入れてはいるが，うまくコントロールできなかった可能性はある．

次に転職後の満足度についての影響について検討して行く．ここでも分析は線形確率モデルとその二段階推計の二つの分析を行っている．分析結果は表4.6として掲載した．やはりまず初めに操作変数の妥当性についての確認から行っていくが，ここでも操作変数の検定結果は操作変数としてはおおむね妥当であると考えられるものの，外生性が否定できない結果となっている．また操作変数法の分析でもOLSの分析でも満足度についてはすべての転職経路変数で無差別という結果になっている．ただし，説明変数のうち現職の年収を見ると，すべてにおいて満足度を高めている．先行研究では満足度の推計において現在の年収を説明変数に含んでいなかったが，公共職業紹介経由の転職ほどその後の年収が低いのであれば，そのために公共職業紹介ほど満足度が低いという結果が導かれていたことが考えられる．

4.6 本章のむすび

本章では職業紹介に期待される社会的役割について考察するとともに，民営職業紹介に期待される労働市場内のミスマッチを解消する機能に着目した分析を行った．具体的には，民営職業紹介による転職ほど，そのマッチングの影響によって転職後の年収など転職結果が良くなっているかどうか，について確認した．分析の結果，見えてきたことは大きく以下の二点である．

第一に，民営職業紹介は利用の時点から高学歴，高所得層や大企業出身者などの転職市場で高い評価を受けやすいと思われる特徴を持つ者に利用され，かつそのような者ほど民営職業紹介経由で転職が決まっている．反対に公共職業紹介は民営職業紹介よりは幅広い層に利用されながらも，決定段階で前職年収が低く高齢で比較的学歴が低いという転職市場では不利と思われる特徴が明確になり，そのような者にとって転職を実現させるセーフティー

ネットとして機能している様子が見られた．また，民営職業紹介ほど転職に伴う職種移動を抑制しており，この傾向は専門職や事務職，販売・サービス職それぞれに転職した者に限定した分析においても同様に確認ができた．一方公共職業紹介では比較的職業移動をする者が多いという様子が見られ，特に販売・サービス職への職種移動を促進させている様子が見られた．ここからは同じ仲介によるマッチングであっても公共職業紹介は労働力の再配置機能を持つが，民営職業紹介はむしろその抑制機能が強いということが考えられる．おおむね先行研究の結果と整合的であり，公共職業紹介ほど，長期的な求職者支援のような構造的なミスマッチ問題を解消させる役割に向いていることが示唆され，民営職業紹介にはそのような役割は向いていない様子が示された．

また第二に転職前後の年収変化については民営職業紹介ほど年収増加効果が大きく，公共職業紹介ではマイナスの傾向が見られた．これは先行研究でも指摘されてきた特徴である．また転職後の年収が高いほど満足度も高まっており，民営職業紹介ほど年収増加の効果を通じて満足度も高くなりやすいことが考えられる．より詳細な評価をするには転職後の定着傾向などについても検討を加える必要はあろうが，本章で用いた指標から述べるとすると，民営職業紹介の即自的なマッチング機能は優れたものであると考えられる．ただし本章の分析においても利用求職者特性のコントロールに限界はある．用いている操作変数は転職年によって異なるのみで，同年に転職した個人ごとに異なるものではない．また操作変数法の弱相関問題の検定では無相関の仮説は棄却されているものの，おおむねF値が10以下となっており，Stock and Yogo（2005）が推奨する条件を満たしていない．また求人側の特性のコントロールについては手つかずのままであり，内生性のバイアスを十分にコントロールでき，求人側の特性もコントロールできたならば，民営職業紹介のマッチングほど転職者の年収を高めるという結果にはならない可能性も否定できない．このような確認を可能にするEmployee-Employer双方の情報がMatchingされたパネルデータの整備が期待されるし，今後も同様の分析課題は残されよう．

しかしこれまでの先行研究やこのたびの分析結果から述べるならば，現状

の公共職業紹介と民営職業紹介の機能や特徴はそれぞれ異なっており，それぞれに異なった社会的役割を担わせるべきであろうと思われる．即時マッチングが可能な業務に関しては民営職業紹介が行い，構造的・長期の摩擦的ミスマッチによって求職者の属性や留保条件の変更が必要であるようなマッチングに公共職業紹介が特化するべきであろう．現在企画されている民間人材サービスの活用政策は民間人材サービス企業の中にも異なる機能を有する民営職業紹介，人材派遣，アウトソーシング，求人広告，アウトプレースメント，サーチ型転職支援などの役割分担が考慮されていない．また公共職業紹介の得意分野であろうセーフティーネットの役割についても民間委託がされるような見え方にもなっている．今後，民間人材サービスの活用政策を具体化していく中では，このような役割分担を具体的に示すことや公共で行うべきところはしっかり公共特化するというメッセージが求められると考えられる．

あとがき

　本書ではまえがきにて述べたように，労働市場のマッチング機能強化を目的とした近年の具体的政策の意義を複数検討した．
　第2章では，「社会人の学び直し支援」政策を検討した．具体的には，労働者が自発的に行う人的資本投資である自己啓発が，成長している産業，職業分野への転職を促進しているかどうかを分析した．自己啓発以外の複数要因をコントロールした分析の結果，自己啓発が成長分野への転職促進に寄与している様子が見られた．中途人材として他分野へ参入するためには，労働者自ら能力を高める必要があると考えられ，労働力の分野間移動には「社会人の学び直し支援」が効果を持つと考えられる．
　第3章では，2009年以降の介護報酬の引上げが介護職従事者の賃金を高めたかどうかを分析したが，本書の分析の結果では，介護報酬引上が介護職従事者の賃金を高めている様子は確認されなかった．また求人への応募データを用いた分析では，介護職求人の賃金が高いからといって，求職者の応募が促される結果にはなっておらず，マネジメントに関わる就業環境面の条件が応募を高めていた．複数の先行研究で指摘されるように，介護分野における労働力確保については，労務管理や教育訓練環境を充実させることが重要であると考えられる．
　第4章では，民営職業紹介，なかでも人材紹介業が産業，職業を跨ぐ転職を実現させているかについて分析を行った．しかし本書の分析では，人材紹介業によって転職をした者ほど他分野へと転職をしている様子は見られなかった．分野間移動については，むしろ公共職業紹介のほうが促進させている様子が見られた．この背景には，即戦力の人材を求める求人企業ほど人材紹介業を利用しているという求人側の要因が影響していることが考えられる．ただし，転職後の賃金については人材紹介業を経由した転職者ほど賃金が高まりやすくなっていた．労使の相性が良好なマッチングを実現させ，生

産性を高めることについては,民営職業紹介の活用が寄与する可能性がある.これら結果からは,成熟分野から成長分野への分野間移動については公共職業紹介がその機能を果たし,成長分野への移動が果たされた後に当該分野内でよりよいマッチングを実現させるためには民営職業紹介がその機能を果たすという,官民相互の機能補完が重要と考えられる.

　以上の分析結果を考えると,近年の具体的政策の方向性は肯定でき,一定の効果が期待できる一方で,改善の余地もあるものと考えられる.本書の分析には手続き上の限界ももちろん残されるが,労働市場のマッチング機能をより強化する上で,一つの参考になれば幸いである.

参考文献

【欧文文献】

Akerlof, G. A., (1982) "Labor Contracts as Partial Gift Exchange" *Quarterly Journal of Economics*, Vol. 97, pp. 543-569.

Akerlof, G. A., (1984) "Gift Exchange and Efficiency Theories: Four Views" *American Economic Review*, Vol. 74, pp. 79-83.

Autor, David, Frank Levy and Richard J. Murnane (2003) "The Skill Content of Recent Technological Change: An Empirical Exploration," *Quarterly Journal of Economics,* 118 (4): 1279-1333.

Autor, David and Dorn David (2013) "The Growth of Low-Skill Service Jobs and the Polarization of the US Labor Market" *American Economic Review* 2013, 103(5): 1553-1597.

Daiji Kawaguchi (2006) "The Incidence and Effect of Job Training among Japanese Women" *Industrial Relations*, Vol. 45, No. 3 (July 2006).

Daiji Kawaguchi and Yuko Ueno (2013) "Declining long-term employment in Japan" *Journal of The Japanese and International Economies J. Japanese Int. Economies* 28 (2013) pp. 19-36.

Dehejia, R. H and S. Wahba (1999) "Causal Effects in Nonexperimental Studies: Reevaluating the Evaluation of Training Programs" *Journal of the American Statistical Association*, 94, 1999, pp.1053-1062.

Dehejia, R. and S. Wahba (2002) "Propensity Score Matching Methods for Non-Experimental Causal Studies" 84, pp. 151-161.

Gary Biglaiser (1993) "Middlemen as Experts Author", *The RAND Journal of Economics*, Vol. 24, No. 2 (Summer, 1993), pp. 212-223.

Heckman, J. J., H. Ichimura, and P. Todd (1997) "Matching as an Econometric Evaluation Estimator: Evidence from Evaluation a Job Training Programme" *Review of Economics and Statistics*, 64, pp. 605-654.

Joshua D. Angrist and Jorn Steffen Pischke (2008) "Mostly Harmless Econometrics", Princeton University Press.

Kambourov, G. and M. Iourii (2008) "Rising Occupational and Industry Mobility in the United States: 1968-97" *International Economic Review* 49, pp. 41-79.

Kocherlakota, Narayana (2010) Inside the FOMC. Speech in Marquette, MI, on August 17 as President of the Federal Reserve Bank of Minneapolis.

Krugman, Paul (2010) "Structure of Excuses," September 27, New York Times.

Markey, J. P., and W. Parks II (1989) "Occupational Change: Pursuing a Different Kind of

Work" *Monthly Labor Review* 112（7）（1989）, pp. 3-12.
Parrado, E., and E. Wolff（1999）, "Occupational and Industry Mobility in the United States,1969-1992" Working paper, C.V. Starr Center, New York University, 1999.
Stock, James H. and Motohiro Yogo（2005）, "Testing for Weak Instruments in Linear IV Regression" Essays in Honor of Thomas J. Rothenberg, Cambridge University Press.
Utpal, B., and Yavas, A.（1993）"In Search of the Right Middleman", *Economics Letters*, 1993, vol 42, pp. 341-347.
Yavas, A.（1994）"Middlemen in bilateral search markets", *Journal of Labor Economics*, 12, pp. 406-429.

【邦文文献】
阿部正浩（1996）「転職前後の賃金変化と人的資本の損失」『三田商学研究』39（1）: 125-139.
阿部正浩（2001）「企業の求人募集―求人条件の出し方とマッチングの結果」『日本労働研究雑誌』No. 495.
阿部正浩（2005）『日本経済の環境変化と労働市場』東洋経済新報社
阿部正浩・神林龍・李昇烈（1999）「スキル・ミスマッチとスペック・ミスマッチ」『Works』No. 36, pp. 24-29.
池永肇恵（2009）「労働市場の二極化―ITの導入と業務内容の変化について」『日本労働研究雑誌』No. 584.
池永肇恵（2011）「日本における労働市場の二極化と非定型・低スキル就業の需要について」『日本労働研究雑誌』No. 608.
上野有子・神林龍・村田啓子（2004）「マッチングの技術的効率性と入職経路選択行動」ESRI Discussion Paper Series No.106.
遠藤裕基（2009）「民間職業紹介が市場の質に与える影響」樋口美雄　瀬古美喜　照山博司編『日本の家計行動のダイナミズムⅤ』慶應義塾出版会.
奥井めぐみ（2002）「自己啓発に関する実証分析――若年女性労働者を対象として」『新世紀の労働市場構造変化への展望に関する調査研究報告書（2）』雇用・能力開発機構財団法人関西労働研究センター，pp. 231-245.
川田恵介・佐々木勝（2012）「雇用ミスマッチの概念の整理」『日本労働研究雑誌』No. 626.
岸智子（1998）「ホワイトカラーの転職と外部経験」『経済研究』Vol. 49, No. 1, pp. 27-34.
岸田研作・谷垣靜子（2013）「介護職員が働き続けるには何が必要か」『日本経済研究』No. 69, 2013, 9.
北浦正行（2013）「介護労働をめぐる政策課題」『日本労働研究雑誌』No. 641, 2013, 12.
黒澤昌子（2005）「公共職業安定所の評価」八代尚宏編著「『官製市場』改革」第8章, 日本経済新聞社.

黒澤昌子・玄田有史（2001）「学校から職場へ「七・五・三」転職の背景」『日本労働研究雑誌』490号，pp 4-18.
児玉俊洋・樋口美雄・阿部正浩・松浦寿幸・砂田充（2004）「入職経路が転職成果にもたらす効果」，RIETI Discussion Paper Series 04-J-035.
小林徹（2013）「ジョブマッチングの成立と「人柄」「社風」情報の重要性」『日本労働研究雑誌』No. 638, 2013, 9.
小林徹・阿部正浩（2014）「民営職業紹介，公共職業紹介のマッチングと転職結果」，『経済分析』188号．
小林徹・佐藤一磨（2013）「自己啓発の実施と再就職・失業・賃金」瀬古美喜・照山博司・山本勲・樋口美雄編『日本の家計行動のダイナミズムⅨ』pp. 85-116.
櫻井宏二郎（2011）『市場の力と日本の労働市場』東京大学出版会．
佐々木勝（2007）「ハローワークの窓口紹介業務とマッチングの効率性」『日本労働研究雑誌』567号，2007年10月．
塩路悦朗（2013）「生産性要因，需要要因と日本の産業間労働配分」『日本労働研究雑誌』No. 641, 2013, 12.
下野恵子（2009）「介護サービス産業と人材確保」『季刊家計経済研究』No. 82, 2009, SPRING.
独立行政法人労働政策研究研修機構（2007）「若年者の離職理由と職場定着に関する調査」『JILPT資料シリーズ』No. 36.
戸田淳仁（2010）「職種経験はどれだけ重要になっているのか―職種特殊的人的資本の観点から」，『日本労働研究雑誌』No. 594.
中村二朗（2002）「転職支援システムとしての公的職業紹介機能」『日本労働研究雑誌』506号，2002年9月．
花岡智恵（2009）「賃金格差と介護従事者の離職」『季刊社会保障研究』Vol. 45, No. 3.
濱秋純哉・堀雅博・前田佐恵子・村田恵子（2011）「低成長と日本的雇用慣行―年功賃金と終身雇用の補完性を巡って」『日本労働研究雑誌』611号，pp. 26-37.
原ひろみ（2011）「個人が主体的に行う能力開発についての分析―自己啓発の実施規定要因とその効果」『TCER Working Paper Series』Working Paper J-5.
樋口美雄（2001）『雇用と失業の経済学』日本済新聞社．
平野大昌（2007）「自己啓発と女性の就業」『家計経済研究』No. 76, pp. 79-89.
堀田聡子（2010）「介護保険事業所（施設系）における介護員のストレス軽減と雇用管理」『季刊社会保障研究』Vol. 46, No. 2.
山田篤裕・石井加代子（2009）「介護労働者の賃金決定と離職意向」『季刊社会保障研究』Vol. 45, No. 3.
吉田恵子（2004）「自己啓発が賃金に及ぼす効果の実証分析」『日本労働研究雑誌』No. 532, pp. 40-53.

著者紹介

小林　徹

2002年　上智大学法学部卒業
2009年　獨協大学大学院経済学研究科
　　　　修士課程修了
2014年　慶應義塾大学大学院商学研究科
　　　　後期博士課程修了
　　　　博士（商学）
　　　　元・三菱経済研究所研究員

労働市場のミスマッチ問題に対する経済政策の検討

2015年3月15日印刷
2015年3月20日発行

定価　本体1,800円＋税

著　者　小林　徹（コバヤシ　トオル）

発行所　公益財団法人　三菱経済研究所
　　　　東京都文京区湯島4-10-14
　　　　〒113-0034　電話(03)5802-8670

印刷所　株式会社　国際文献社
　　　　東京都新宿区高田馬場3-8-8
　　　　〒169-0075　電話(03)3362-9741～4

ISBN 978-4-943852-54-4